Höhere Gewalt
im Dokumentenakkreditivgeschäft

Europäische Hochschulschriften
Publications Universitaires Européennes
European University Studies

Reihe II
Rechtswissenschaft

Série II Series II
Droit
Law

Bd./Vol. 3173

PETER LANG
Frankfurt am Main · Berlin · Bern · Bruxelles · New York · Oxford · Wien

Gabriele Fontane

Höhere Gewalt im Dokumentenakkreditivgeschäft

PETER LANG
Europäischer Verlag der Wissenschaften

Die Deutsche Bibliothek - CIP-Einheitsaufnahme

Fontane, Gabriele:

Höhere Gewalt im Dokumentenakkreditivgeschäft / Gabriele Fontane. - Frankfurt am Main ; Berlin ; Bern ; Bruxelles ; New York ; Oxford ; Wien : Lang, 2001
(Europäische Hochschulschriften : Reihe 2, Rechtswissenschaft ; Bd. 3173)
Zugl.: Tübingen, Univ., Diss., 2001
ISBN 3-631-37921-8

D 21
ISSN 0531-7312
ISBN 3-631-37921-8

www.peterlang.de

INHALTSVERZEICHNIS

LITERATURVERZEICHNIS

Angersbach, Ulrich — Beiträge zum Institut des Dokumenten-Akkreditivs, Offenbach 1965

Assmann, Heinz-Dieter / Schütze, Rolf — Handbuch des Kapitalanlagerechts, 2. Auflage, München 1997 (zit: Bearbeiter in Assmann/Schütze)

Avancini, Peter / Iro, Gert / Koziol, Helmut — Österreichisches Bankvertragsrecht (Band II), Wien 1993

Axworthy, Christopher — The Revision of the Uniform Customs on Documentary Credits, JBusL 1971, 39

Balossini, Enrico — Norme ed Usi Uniformi Relativi Ai Crediti Documentari, quarta editione, Milano 1988

Bandomir, Reinhold — Risikoaspekte bei Akkreditivbestätigungen, Bank-Betrieb 1967, 169

Bankrecht und Bankpraxis — hrsg. von Thorwald Hellner und Stephan Steurer, Band 3, Köln, Stand 2000 (zit: Bearbeiter BuB) *von Bar, Christian* Kollisionsrechtliche Aspekte der Vereinbarung und Inanspruchnahme von Dokumentenakkreditiven, ZHR 152 (1988), 38

Baron, J. Die Haftung bis zur höheren Gewalt, AcP 78 (1892), 203

Bartodziej, Peter Die Rechtsverhältnisse bei verspäteter Zurückweisung nichtkonformer Dokumente beim unwiderruflichen, bestätigten Dokumentenakkreditiv, SchweizAG 1987, 1

Basedow, Jürgen Private Law Effects of Foreign Export Controls - an international case report, German Yearbook of International Law 27 (1984), 109

Baumbach, Adolf / Hefermehl, Wolfgang Wechselgesetz, 21. Auflage, München 1999

Baumbach, Adolf / Hopt, Klaus Handelsgesetzbuch, 29. Auflage, München 1995

Beitzke, G. Höhere-Gewalt-Klauseln, DB 1967, 1751

Berger, Klaus Peter Anmerkung zu OLG Frankfurt/Main vom 18.3.1997 (5 U 229/95), DZWir 1997, 426

ders. Die Auslegung von Dokumentenakkreditiven durch die deutsche Rechtsprechung, Festschrift für Rolf Schütze, München 1999, S. 103

von Beringe Streik und Aussperrung bei Auslandsgeschäften, DB 1963, 757

Berman, Harold J. Force majeure and the denial of an export license under Soviet law: A comment on Jordan Investments Ltd. v. Soiuzneftеksport, RabelsZ 24 (1959), 449

von Bernstorff, Christoph Rechtsprobleme im Auslandsgeschäft, 4. Auflage, Frankfurt/Main 2000

Biermann Die höhere Gewalt im englischen und im französischen Recht, ArchBürgR 10 (1895), 29

Bittner, Claudia Die Auswirkungen des Irak-Embargos für Warenlieferungsverträge: Zivilrechtliche Folgen von Handelsbeschränkungen, RIW 1994, 458

Blaschczok, Andreas Gefährdungshaftung und Risikozuweisung, Köln, Berlin, Bonn, München 1993

Böckstiegel, Karl-Heinz Vertragsklauseln über nicht zu vertretende Risiken im internationalen Handelsverkehr, RIW 1984, 1

ders. Besondere Probleme der Schiedsgerichtbarkeit zwischen Privatunternehmen und ausländischen Staaten oder Staatsunternehmen, NJW 1975, 1577

ders. Der Staat als Vertragspartner ausländischer Privatunternehmen, Frankfurt/Main 1971 (zit: Böckstiegel, Der Staat als Vertragspartner)

ders. Beurteilung von Exportverboten nach den Vertrags- und Schiedsregeln der Refined Sugar Association, London, Festschrift für Martin Luther, München 1976, S. 21

ders.	Der Durchgriff auf den Staat, Frankfurt/Main 1972
ders.	Der Durchgriff auf den Staat bei Verträgen im internationalen Wirtschaftsverkehr, Völkerrecht, Recht der Internationalen Organisationen, Weltwirtschaftsrecht, Festschrift für Ignaz Seidl-Hohenveldern, Köln, Berlin, Bonn, München 1988, S. 17
Böhmer, Emil	Zum Begriff der höheren Gewalt i. S. des § 1 RHG, MDR 1959, 350
Bontoux, Charles	La pratique du crédit documentaire: quelques problèmes particuliers, Homage à Frédéric Eisemann, Liber Amicorum, Paris 1978, S. 161
Borchers, Klaus-Günther	Verträge von Staaten mit ausländischen Privatpersonen, Göttingen 1966
Borggrefe, Siegfried	Akkreditiv und Grundverhältnis, Berlin 1971
Breithaupt, Christoph	Aufrechnung mit Forderungen gegen das Reich, JR 1952, 196

Brüggemann, Max	Die Banktechnik des Auslandsgeschäfts, Stuttgart 1969
Bühler, Theodor	Sicherungsmittel im Zahlungsverkehr, Zürich 1997
Bulla	Rechtsfolgen von Aussperrungen für Lieferverträge, DB 1963, 755
von Caemmerer, Ernst	Anmerkung zu BGH vom 18.9.1958 (VII ZR 170/57), JZ 1959, 362
Canaris, Claus-Wilhelm	Bankvertragsrecht, Großkommentar zum HGB, 4. Auflage, München 1988
Cartoon, Bernard	Drafting an Acceptable Force Majeure Clause, JBusL 1978, 230
Catranis, Alexander	Probleme der Nationalisierung ausländischer Unternehmen vor internationalen Schiedsgerichten, RIW/AWD 1982, 19
Caytas, Ivo	Der unerfüllbare Vertrag, Wilmington 1984

Dach, Eberhard Anmerkung zu OLG Köln vom 25.5.1994 (2 U 143/93), WuB I H 2. - 1.95

Dekker, Cornelius Case Studies on Documentary Credits, ICC Publication No. 459, Paris 1989

Deutsch, Erwin Methode und Konzept der Gefährdungshaftung, VersR 1971, 1

Deschenaux, Henri / Tercier, Pierre La Responsabilité Civile, Bern 1975

Dilger, Eberhard Die Einschränkung des Grundsatzes der Dokumentenstrenge beim Akkreditiv durch das schweizerische Bundesgericht, RIW 1990, 324

Döll, Hansjörg Dokumenten-Akkreditive: Richtlinien revidiert, Die Bank 1984, 431

Doll, Andreas Von der vis maior zur höheren Gewalt, Frankfurt, Bern, New York, Paris 1989

Driscoll, Richard — The Role of Standby Letters of Credit in International Commerce: Reflections After Iran, Virginia Journal of International Law 20 (1980), 459

Eberding, Ekkard — Anmerkung zu OLG Frankfurt vom 6.10.1987 (5 U 247/86), WuB I H 2. - 1.88

ders. — Anmerkung zu OLG Frankfurt vom 22.9.1987 (5 U 60/86), WuB I H 2. - 2.88

ders. — Die Rechtsprechung des Bundesgerichtshofs zum Dokumentenakkreditiv, WuB I H 2, S. 1223

Eberth, Rolf — Zur Rechtsnatur der Einheitlichen Richtlinien und Gebräuche für Dokumenten-Akkreditive, Festschrift für Karl Neumayer, Baden Baden 1985, S. 199

ders. — Die deutsche Rechtsprechung zum Dokumentenakkreditiv von 1970 - 1976, RIW/AWD 1977, 522

ders. Erscheinungen im Recht und in der Praxis des Dokumenten-Akkreditivs in der Bundesrepublik Deutschland und in England in Rechtsfragen zum Dokumentenakkreditiv, Stuttgart 1976

ders. Die Revision von 1974 der Einheitlichen Richtlinien und Gebräuche für Dokumenten-Akkreditive, RIW/ AWD 1975, 365

ders. Die Revision von 1983 der Einheitlichen Richtlinien und Gebräuche für Dokumentenakkreditive, WM 1984, Sonderbeilage 4

Eberstein, Hans Hermann Die zweckmäßige Ausgestaltung von Allgemeinen Geschäftsbedingungen, 4. Auflage, Heidelberg 1997

Ebertsheim, Heinrich Das Akkreditiv-Regulativ der Berliner Stempelvereinigung, JW 1923, 915

Eisele, Götz Akkreditiv und Konkurs, Kirchheim-Teck 1976

Eisemann, Frédéric Recht und Praxis des Dokumenten-Akkreditivs, Heidelberg 1963 (zit: Eisemann, Dokumenten-Akkreditiv)

ders. Die neuen Einheitlichen Richtlinien und Gebräuche für Dokumenten-Akkreditive der Internationalen Handelskammer (Neufassung 1962), AWD 1963, 139

ders. Die Reform der Einheitlichen Richtlinien und Gebräuche der Internationalen Handelskammer für Dokumenten-Akkreditive in Rechtsfragen zum Dokumenten-Akkreditiv, Stuttgart 1976

ders. Considérations sur les Règles et Usances Uniformes Relatives aux Crédit Documentaires (édition révisée 1974), Recht und Wirtschaft in Geschichte und Gegenwart, Festschrift für Johannes Bärmann, München 1975, S. 265

Eisemann, Frédéric / Eberth, Rolf Das Dokumenten-Akkreditiv im internationalen Handelsverkehr, 2. Auflage, Heidelberg 1979

Ellinger, E. P. Developments in letters of credit law, JBusL 1990, 58 *ders.* The Uniform Customs and Practice 1993: a brief review of their salient points, JBusL 1994, 28

Erman, Walter Entwicklungen des Kaufvertragsverhältnisses auf die Akkreditivverpflichtung der Bank, Geld, Kapital und Kredit, Festschrift für Heinrich Rittershausen, Stuttgart 1968, S. 261

Eschmann, Christian Die Auslegungsfähigkeit eines Standby Letter of Credit, RIW 1996, 913

Esser, Josef Grundlagen und Entwicklung der Gefährdungshaftung, 2. Auflage, München 1969 (zit: Esser, Gefährdungshaftung)

ders. Arbeitskampf und Vertragstreue, JZ 1963, 489

Esser, Josef / Schmidt, Eike Schuldrecht, Band I, Allgemeiner Teil, Teilband 1, 8. Auflage, Heidelberg 1995

Exner Der Begriff der höheren Gewalt (vis maior) im römischen und heutigen Verkehrsrecht, Neudruck der Ausgabe Wien 1883, Aalen 1970

Fikentscher, Wolfgang Schuldrecht, 9. Auflage, Berlin, New York 1997

Fontaine, Marcel L'Adaption des contrats aux variations économiques, clauses de force majeure et d'imprévision, Die Anpassung langfristiger Verträge, hrsg. von Marschall von Bieberstein, Frankfurt/Main 1984 (zit: Fontaine, L'Adaption des contrats)

ders. Les clauses de force majeure dans les contrats internationaux, Droit et Pratique du Commerce International 1979, 469

Frowein, Jochen Die Bindung des Gesetzgebers an Verträge, Festschrift für Werner Flume, Köln 1978, S. 301

Françon, Daniel La clause de "Hardship", Das Recht der Leistungsstörungen im französischen und deutschen Recht, Juristische Fakultät der Universität Heidelberg (Hrsg.), Heidelberg 1981, S. 299

v. Gablenz, Carl-Heinrich Die Haftung der Banken bei Einschaltung Dritter, München 1983

Gacho, Wolfgang	Das Exportakkreditivgeschäft, Wiesbaden 1969
Gafner, Hans	Das Dokumentenakkreditiv nach schweizerischem Recht und dem internationalen Regulativ von 1933, Bern 1949
Gautschi, Georg	Das Akkreditiv im Lichte der neuen internationalen Richtlinien, SchweizJZ 1964, 33, 49
ders.	Einige Bemerkungen zur Rechtsnatur des Dokumentenakkreditivs, SchweizJZ 1943, 221
Gesang, Jochen	Force-majeure, Königstein/Ts 1980
Geßler, Jörg	Pfändungen in Akkreditive, Köln 1967
Goerke, Eberhard	Kollisionsrechtliche Probleme internationaler Garantien, Konstanz 1982
Goldschmidt, L.	Das receptum nautarum cauponum et stabulariorum, ZHR 3 (1859), 58

Gozlan, Audi — International Letters of Credit, 2nd edition, The Hague, London, Boston 1999

Grader van der Maas, A.L. — Handbuch der Dokumenten-Akkreditive, Stuttgart 1963

Guhl, Theo — Das Schweizerische Obligationenrecht, 9. Auflage, Zürich 2000

Gutzwiller, Christoph — Bemerkungen zum Verhältnis zwischen Akkreditivbank und Korrespondenzbank, SchweizJZ 1984, 157

ders. — Die neuen Einheitlichen Richtlinien und Gebräuche für Dokumenten-Akkreditive der Internationalen Handelskammer, SchweizAG 1985, 24

Haas, Matthias — Probleme der "International Standby Practices ISP98" im Zusammenhang mit dem deutschen Recht, ZBB 1999, 301

Hampe, Georg — Das auf unwiderrufliche Dokumentenakkreditive anwendbare Recht, Regensburg 2000

Hartmann, Hans-Christoph Die Durchsetzbarkeit des Begünstigtenanspruchs im unwiderruflichen Dokumentenakkreditiv, Tübingen 1990

Hartmann, Jürg Der Akkreditiv-Eröffnungsauftrag nach den einheitlichen Richtlinien und Gebräuchen für Dokumentenakkreditive (Revision 1962) und nach schweizerischem Recht, Zürich 1974

Hausheer, Heinz Schweizerisches Zivilgesetzbuch, Das Obligationenrecht, Band IV, 1. Abteilung, 5. Teilband, Art. 97-100, Bern 2000

Hedley, William Bills of Exchange and Bankers' Documentary Credits, 2nd edition, London, New York, Hamburg, Hong Kong 1994

Henningsen, Hans-Herbert Die höhere Gewalt im Seerecht, Hamburg 1959

Henze, Gerhard Hoheitliche Eingriffe in private Außenhandelsverträge, Heidelberg 1963

Herold, Hermann / Lippisch, Wolfgang Bank- und Börsenrecht, 2. Auflage, Berlin, Frankfurt 1962

Heymann	Handelsgesetzbuch, Band 4, Berlin, New York 1990
Hoeren, Thomas / Florian, Ulrich	Rechtsfragen des internationalen Dokumentenakkreditiv und -inkasso, Berlin 1996
Hohn, Hansjosef	Unternehmerhaftung gegenüber Geschäftspartnern bei Arbeitskämpfen, DB 1965, 501
Holtij, Hans-Jürgen	"Revision 1983" der ERA, Bank-Information 1983, Heft 8, 17
Horn, Norbert / Marschall von Bieberstein, Wolfgang / Rosenberg, Ljudevit / Pavicevic, Bozidar	Dokumentenakkreditive und Bankgarantien im internationalen Zahlungsverkehr, Frankfurt/ Main 1977
Ingenstau, Heinz / Korbion, Hermann	Kommentar zur VOB, 13. Auflage, Düsseldorf 1996
Jack, Raymond	Documentary Credits, 2nd edition, London, Dublin, Edinburgh 1993

Jacoby, Alfred	Das Regulativ des Akkreditivgeschäfts der Berliner Stempelvereinigung, Bank-Archiv 1922/23, 101
Jerusalem, A. H.	Einstellung sowjetischer Öllieferungen nach Israel-Entscheidung der Außenhandels-Arbitragekommission bei der Handelskammer der UdSSR in Moskau, AWD 1958, 187
Kaden, Erich-Hans	Zufall und höhere Gewalt im deutschen, schweizerischen und französischen Recht, RabelsZ 31 (1967), 606
Käser, Jörg	Das Dokumentenakkreditiv in der Rechtsprechung und Gesetzgebung der Vereinigten Staaten von Amerika, RabelsZ 21 (1956), 73
ders.	Die gesetzliche Regelung des Akkreditivs und Rembourses in den USA, ZKW 1961, 1089
Kaya, Nebi	Die Grenzen der Einwendungen der Bank gegen den Zahlungsanspruch des Begünstigten aus einem unwiderruflichen Akkreditiv, Frankfurt, Berlin, Bern, Brüssel, New York, Wien 2000

Kegel, Gerhard — Die Bankgeschäfte im deutschen internationalen Privatrecht, Gedächtnisschrift für Rudolf Schmidt, Berlin 1966, S. 215

Keller, Alfred — Haftpflicht im Privatrecht, Band I, 5. Auflage, Bern 1993

Khadjavi-Gontard, Bardia / Hausmann, Rainer — Zurechenbarkeit von Hoheitsakten und subsidiäre Staatshaftung bei Verträgen mit ausländischen Staatsunternehmen, RIW/AWD 1980, 533

Khan, Philippe — Force majeur et contrats internationaux de longue durée, Journal du Droit International 1975, 467

Koller, Ingo — Die Risikorechnung bei Vertragsstörungen in Austauschverträgen, München 1979 (zit: Koller, Risikozurechnung)

ders. — Die Bedeutung des Haftungsmaßstabs für die Zurechnung des Leistungserschwerungsrisikos, NJW 1996, 300

Krüger, Hilmar — Zum Begriff der "höheren Gewalt" im iranischen Recht, RIW/AWD 1978, 650

Kümpel, Sigfried Bank- und Kapitalmarktrecht, 2. Auflage, Köln 2000

Lambsdorff, Friedrich Die Bedeutung der Freizeichnungsklauseln unter besonderer Berücksichtigung der Klausel "freibleibend", ZHR 90 (1927), 1

Larenz, Karl Die Prinzipien der Schadenszurechnung, JuS 1965, 373

Lauschke, Gerd Zur Haftung des Unternehmers für Ausfall seiner Lieferungen wegen Arbeitskampfes, DB 1966, 137

Lenz, Hugo Michael Akkreditive und weitere Zahlungssicherungen im Außenhandel, EuZW 1991, 297

Leonhard, Franz Höhere Gewalt, Festschrift für Ludwig Träger, Neudruck der Ausgabe Berlin 1926, Aalen 1979, S. 12

Lesguillons, Henri Frustration, Force majeure, Imprevision, Wegfall der Geschäftsgrundlage, Droit et Pratique du Commerce International 1979, 507

Liesecke, Rudolf Neue Theorie und Praxis des Dokumentenakkreditivs, WM 1976, 258

ders. Die Stellung der kreditgebenden Banken beim Dokumenten-Inkasso und Dokumenten-Akkreditiv, Festschrift für Robert Fischer, Berlin, New York 1979, S. 397

ders. Die neue Rechtsprechung, insbesondere des Bundesgerichtshofes, zum Dokumentenakkreditiv, WM 1966, 458

ders. Das Dokumentenakkreditiv in der neueren Rechtsprechung des Bundesgerichtshofes, WM 1960, 210

ders. Die typischen Klauseln des internationalen Handelsverkehrs in der neueren Praxis, WM 1978, Sonderbeilage 3

Lindemeyer, Bernd Schiffsembargo und Handelsembargo, Köln 1975

Loeffler, Rolf Der Einfluß des Käuferkonkurses auf das Dokumenten-Akkreditiv-Geschäft, Hamburg 1969

Löwisch, Manfred — Arbeitskampf und Vertragserfüllung, AcP 174 (1974), 202

ders. — Arbeitskampfklauseln in Allgemeinen Geschäftsbedingungen, BB 1974, 1493

Lombardini, Carlo — Droit et Pratique du Crédit Documentaire, Zürich 1994

Lorenz, Werner — Der Bereicherungsausgleich im deutschen internationalen Privatrecht und in rechtsvergleichender Sicht, Festschrift für Konrad Zweigert, Tübingen 1981, S. 199

ders. — Kollisionsrechtliche Betrachtungen zum Rembours beim Dokumentenakkreditiv, Festschrift für Ernst Steindorff, Berlin, New York 1990, S. 405

Lücke, Gert — Das Dokumentenakkreditiv in Deutschland, Frankreich und in der Schweiz – Eine rechtsvergleichende Darstellung, Kiel 1976

Mann, F. A. — Staatsunternehmen in internationalen Handelsbeziehungen, RIW 1987, 186

Marasinghe, Lakshaman	Principles of International Trade Law, Singapore, Malaysia, Hong Kong 1998
Marton, Géza	Versuch eines einheitlichen Systems zivilrechtlicher Haftung, AcP 162 (1963), 1
Mayer-Maly, Theo / Nipperdey, Hans	Risikoverteilung in mittelbar von rechtmäßigen Arbeitskämpfen betroffenen Betrieben, Tübingen 1965
Mazeaud, Henri / Mazeaud, Leon / Tunc, André	Traité théorique et pratique de la responsabilité civile, vol. 2, 6eme édition, Paris 1970
Mertens, Hans-Joachim	Anmerkung zu LG Frankfurt am Main vom 2.12.1975 - 3/80 O 186/75, AG 1976, 49
Müller, Ferdinand	Die neue Revision der "Einheitlichen Richtlinien und Gebräuche für Dokumenten-Akkreditive", Bank-Betrieb 1975, 307
Müller, Gerhard	Überlegungen zu Streik und Aussperrung in Anknüpfung an Aussagen des Bundesarbeitsgerichts, DB 1981, Beilage Nr. 7

Münchener Kommentar zum Bürgerlichen Gesetzbuch hrsg. von Kurt Rebmann, Franz Jürgen Säcker und Roland Rixecker,

Band 1, §§ 1-240 BGB, AGB-Gesetz, 3. Auflage, München 1993

Band 2, §§ 241-432, Schuldrecht, Allgemeiner Teil, 3. Auflage, München 1994

Band 10, Art. 1-38 EGBGB, IPR, 3. Auflage, München 1998

(zit: MüKo/BGB-Bearbeiter)

Münchener Kommentar zum Handelsgesetzbuch hrsg. von Karsten Schmidt und Jürgen Basedow

Band 5, viertes Buch, Handelsgeschäfte, §§ 343-372, Bankrecht, München, erscheint voraussichtlich 2001

Band 7, viertes Buch, Handelsgeschäfte, §§ 407-457 HGB, Transportrecht, München 1997

(zit: MüKo/HGB-Bearbeiter)

Mugdan, Benno Die gesamten Materialien zum Bürgerlichen Gesetzbuch für das Deutsche Reich, Neudruck Aalen 1979

Nielsen, Jens Die Revision der Einheitlichen Richtlinien und Gebräuche für Dokumenten-Akkreditive (ERA 500) zum 1. Januar 1994, WM 1994, Sonderbeilage Nr. 2

ders. Anmerkung zu OLG Frankfurt vom 12.11.1991 (5 U 207/90), WuB I H 2. - 1.92

ders. Das Risiko der Wiedererlangung der Akkreditivsumme bei fehlerhafter Auszahlung durch akkreditivbestätigende (Zweit)Bank, WM 1985, 149

ders. Grundlagen des Akkreditivgeschäfts, 2. Auflage, Köln 1985 (zit: Nielsen, Grundlagen)

ders. Die Aufnahmefähigkeit von Transportdokumenten im Akkreditivgeschäft, WM 1993, Sonderbeilage Nr. 3

ders. Die Revision 1983 der "Einheitlichen Richtlinien und Gebräuche für Dokumenten-Akkreditive" (ERA), ZIP 1984, 230 *ders.* Neue Richtlinien für Dokumenten-Akkreditive, Heidelberg 1994 (zit: Nielsen, ERA 500)

ders. Abtretung von Teilansprüchen aus Akkreditiven an mehrere Kreditgeber des Begünstigten, IPRax 1982, 91

ders. Internationale Bankgarantie, Akkreditiv und anglo-amerikanisches Standby nach Inkrafttreten der ISP98, WM 1999, 2005 und 2049

Nielsen, Jens / Schütze, Rolf Zahlungssicherung und Rechtsverfolgung im Außenhandel, 3. Auflage, Köln 1985

Nobbe, Gerd Bankrecht - Aktuelle höchst- und obergerichtliche Rechtsprechung, Köln 1999

Nolting, Ekkehard Hoheitliche Eingriffe als Force Majeure bei internationalen Wirtschaftsverträgen mit Staatsunternehmen, RIW 1988, 511

Nuissl, Dagmar Bank- und Kapitalmarktrecht für die Praxis, Neuwied, Kriftel, Berlin 1997

Özdamar, Demet — Rechtsfragen des Dokumentenakkreditivs in Gestalt seiner Regelung nach den ERA (Revision 1983), Berlin 1996

Okolski, Józef — The new forms of economic activity of Polish state enterprises connected with foreign trade, in Rechtsfragen der deutsch-polnischen Wirtschaftsbeziehungen, hrsg. von Marschall von Bieberstein, Frankfurt/Main 1984

Palandt — Bürgerliches Gesetzbuch, 59. Auflage, München 2000

Peters, Klaus — Rechtsprobleme des Akkreditivgeschäfts, WM 1978, 1030

Petersen, Albert — Die Verpflichtung der Akkreditivbanken zur Aufnahme und Honorierung bei Abweichungen in den vorgelegten Dokumenten, WM 1962, 622

ders. — Die Haftung der bestätigenden Bank aus einem unwiderruflichen Dokumentenakkreditiv, WM 1961, 1182

Pinzer, Helmut Einheitliche Richtlinien für Dokumentenakkreditive, Kreditpraxis 1984, Heft 4, 23

Plett, Martin / Welling, Thomas Überblick über die Abwicklung des Dokumenten-Akkreditivs und die Rechtsstellung der beteiligten Parteien, DB 1987, 925

Poh Chu Chai Law of Pledges, Guarantees and letters of Credit, 4th edition, Singapore 1999

Preisig, A. Die Rechtsnatur des Waren- oder Dokumenten-Akkreditivs, SchweizJZ 23 (1926), 353

Raith, Raimund Das Recht des Dokumentenakkreditivs in den USA und Deutschland, Bonn 1985

Regling, Wilhelm Die neue Revision der Einheitlichen Richtlinien und Gebräuche für Dokumentenakkreditive, Bank-Betrieb 1962, 142 *ders.* Die Vorschläge für eine zweite Revision der Einheitlichen Richtlinien und Gebräuche für Dokumenten-Akkreditive, Bank-Betrieb 1961, 13

Rehbinder, Eckard Das Kaufrecht in den Allgemeinen Geschäftsbedingungen der deutschen Wirtschaft, Berlin 1970

Reithmann, Christoph / Martiny, Dieter Internationales Privatrecht, 5. Auflage, Köln 1996

Richardi, Reinhard Auswirkungen eines Arbeitskampfes auf Schuldverhältnisse mit Dritten, JuS 1984, 825

Richter, Marc Standby Letter of Credit, Zürich 1990

de Rooy, Frans Documentary Credits, Antwerp, Boston, London, Frankfurt 1984

Rückert, Kurt Verpflichtungen der Banken aus unwiderruflichen Dokumenten-Akkreditiven, Mainz 1960

Sarna, Lazar Letters of Credit, 2nd edition, Toronto, Calgary, Vancouver 1986

Schärrer, Heiner	Die Rechtsstellung des Begünstigten im Dokumenten-Akkreditiv, Bern 1980
Schefold, Dietrich	Zum IPR des Dokumenten-Akkreditivs, IPRax 1990, 20
ders.	Neue Rechtsprechung zum anwendbaren Recht bei Dokumentenakkreditiven, IPRax 1996, 347
Schimansky, Herbert / Bunte, Hermann-Josef / Lwowski, Hans-Jürgen	Bankrechts-Handbuch, Band III, München 1997
Schinnerer, Erich	Die Stellung der Zahlstelle im Dokumenten-Akkreditiv, Festschrift für Otto Reimer, Salzburg, München 1976, S. 237
ders.	Zur Neufassung der Einheitlichen Richtlinien und Gebräuche für Dokumenten-Akkreditive, Fassung 1983, ÖstBank-Archiv 1984, 231
ders.	Die Anwendung der Revision 1974 der "Einheitlichen Richtlinien und Gebräuche für Dokumenten-Akkreditive", ÖstBank-Archiv 1977, 47

ders.	Zur Neufassung der Einheitlichen Richtlinien und Gebräuche für das Dokumentenakkreditiv, ZfRV 1963, 207
ders.	Rechtsfragen im internationalen Akkreditivgeschäft, ZfRV 1961, 1
Schinnerer, Erich / Avancini, Peter	Bankverträge, III. Teil, 3. Auflage, Wien 1976
Schlegelberger	Handelsgesetzbuch Band IV, 5. Auflage, München 1976
Schmid, Hans-Dieter	Arbeitskampfklauseln in den Allgemeinen Geschäftsbedingungen des Zeitungsbezugsvertrages, NJW 1979, 15
Schmidt-Dencker, Hans-Michael	Die Korrespondenzbank im Aussenhandel, Hamburg 1980
Schmitthoff, Clive	Rechtliche Aspekte der Internationalität des Bankgeschäfts, Jura 1984, 393
ders.	The Wholly Owned and the Controlled Subsidiary, JBusL 1978, 218

ders. The New Uniform Customs for Letters of Credit, JBusL 1983, 193

ders. Das neue Recht des Welthandels, RabelsZ 28 (1964), 47

Schönle, Herbert Die Rechtsnatur der Einheitlichen Richtlinien und Gebräuche für Dokumentenakkreditive, NJW 1968, 726

ders. Bank- und Börsenrecht, 2. Auflage, München 1976

Schubert, Werner Das Akkreditiv, BB 1952, 128

Schücking, Christoph Importkreditsicherung, Frankfurt/Main 1990

Schütze, Rolf Das Dokumentenakkreditiv im internationalen Handelsverkehr, 5. Auflage, Heidelberg 1999 (zit: Schütze, Dokumentenakkreditiv)

ders. Zur Auslegung von Artikel 34 der Einheitlichen Richtlinien und Gebräuche für Dokumentenakkreditive, WM 1963, 578

ders.	Rechtsfragen der Avisierung von Dokumentenakkreditiven, DB 1987, 2189
ders.	Kollisionsrechtliche Probleme des Dokumentenakkreditivs, WM 1982, 226
ders.	Rechtsfragen zur Zahlstelle bei Akkreditivgeschäften, RIW 1988, 343
ders.	Zur Vertragsgestaltung im Ost-West-Handel, AWD 1971, 390
ders.	Anmerkung zu BGH vom 26.4.1994 (XI ZR 114/1993), WuB I H 2. – 2.94
ders.	Anmerkung zu OLG Frankfurt vom 22.09.1987 (5 U 60/86), EwiR § 365 HGB 1/88, 81
Schwenzer, Ingeborg	Schweizerisches Obligationenrecht, Allgemeiner Teil, Bern 1998
Schwintowski, Hans Peter/ Schäfer, Frank	Bankrecht, Köln, Berlin, Bonn, München 1997

Schwung, Siegfried — Die Grenzen der freien Rechtswahl im internationalen Vertragsrecht, WM 1984, 1301

Seidl-Hohenveldern, Ignaz — Besitzen Staatsbetriebe und ihr Staat gleiche oder verschiedene Rechtspersönlichkeiten?, ROW 1966, 1

Selb, Walther — Mehrheiten von Gläubigern und Schuldnern (Handbuch des Schuldrechts Bd. 5), Tübingen 1984

Serick, Rolf — Rechtsform und Realität juristischer Personen, Berlin, Tübingen 1955 (zit: Serick, Rechtsform und Realität)

ders. — Durchgriffsprobleme bei Vertragsstörungen, Karlsruhe 1959 (zit: Serick, Durchgriffsprobleme)

Slongo, Urban — Die Zahlung unter Vorbehalt im Akkreditiv-Geschäft, Zürich 1980

Sosniak, Mieczyslaw — Staatsakt und höhere Gewalt im internationalen Handelsverkehr der RGW-Länder, RIW 1984, 105

Spaeth, Peter — Der Begriff der höheren Gewalt im deutschen und französischen Recht, Köln 1970

Städtler, Ulrike — Schadensersatz im Falle höherer Gewalt?, Göttingen 1986

Stapel, Babett — Die einheitlichen Richtlinien und Gebräuche für Dokumentenakkreditive der Internationalen Handelskammer in der Fassung von 1993, Berlin 1998

Staudinger — Kommentar zum Bürgerlichen Gesetzbuch, Art. 27-37 EGBGB, 12. Auflage, Berlin 1998

Steindorff, Ernst — Das Akkreditiv im internationalen Privatrecht der Schuldverträge, Festschrift für Ernst von Caemmerer, Tübingen 1978, S. 761

Stobbe, Ulrich — Höhere Gewalt, Göttingen 1963

Teoh Oon Teong, Philip — Letters of Credit: A Conflict of Laws Perspective, 2 Singapore Academy of Law Journal (1990), 51

Thorn, Karsten	Ausländisches Akkreditiv und inländische Zahlstelle, IPRax 1996, 257
von Thur, Andreas / Escher, Arnold	Allgemeiner Teil des schweizerischen Obligationenrechts, zweiter Band, 3. Auflage, Zürich 1974
Todd, Paul	Bills of Landing and Bankers' Documentary Credits, 3rd edition, London, Hong Kong 1998
Ulmer, Peter / Brandner, Hans Erich / Hensen, Horst-Dieter	AGB-Gesetz, 8. Auflage, Köln 1997
Ulrich, Conrad	Rechtsprobleme des Dokumentenakkreditivs, Zürich 1989
Vanderhoeght, Karel	Das Dokumentenakkreditiv, Frankfurt/ Main 1955
Ventris, F. M.	Bankers' Documentary Credits, First Supplements to 2nd edition, London 1985
Vorpeil, Klaus	Prüfungszeitraum beim Dokumentenakkreditiv, RIW 1993, 12

ders. ICC Positionspapiere zu den Richtlinien für Dokumenten-Akkreditive IWB, Fach 10, Gruppe 8, 163

Wälzholz, Eckhard Zur Anwendbarkeit des AGBG auf die Einheitlichen Richtlinien der ICC, WM 1994, 1457

Wassermann, Henning Die Verwertung von Ansprüchen aus Dokumentenakkreditiven, Baden-Baden 1981

Wessely, Wolfram Die Unabhängigkeit der Akkreditiv-verpflichtung von Deckungsbeziehung und Kaufvertrag, München 1974

von Westphalen, Friedrich Die Einheitlichen Richtlinien und Gebräuche für Dokumenten-Akkreditive (1974) und Einheitlichen Richtlinien für Inkassi im Licht des AGB-Gesetzes, WM 1980, 178

ders. Rechtsprobleme der Exportfinanzierung, 3. Auflage, Heidelberg, 1987 (zit: von Westphalen, Rechtsprobleme der Exportfinanzierung)

ders.	AGB-rechtliche Erwägungen zu den neuen Einheitlichen Richtlinien und Gebräuchen für Dokumenten-Akkreditive - Revision 1993, RIW 1994, 453
Wheble, B.	Uniform Customs and Practices for Documentary Credits (1974 Revision), JBusL 1975, 281
Wiele, Gerhart	Das Dokumenten-Akkreditiv und der anglo-amerikanische Documentary Letter of Credit, Hamburg 1955
Will, Michael	Quellen erhöhter Gefahr, München 1980
Wolf, Manfred	Auslegung und Inhaltskontrolle von AGB im internationalen kaufmännischen Verkehr, ZHR 153 (1989), 300
Wolff, Martin	Das Internationale Privatrecht Deutschlands, 2. Auflage, Berlin, Göttingen, Heidelberg 1949
Wolsing, Hans	Das übertragbare Dokumenten-Akkreditiv, Köln 1999

Zahn, Johannes — Auswirkungen eines politischen Umsturzes auf schwebende Akkreditive und Bankgarantien, die zugunsten von staatlichen Stellen oder in deren Auftrag eröffnet sind, ZIP 1984, 1303

ders. — Anmerkungen zu einigen Kontroversen im Bereich der Akkreditive und Bankgarantien, Festschrift für Klemens Pleyer, München 1986, 153

ders. — Zahlung und Zahlungssicherung im Außenhandel, 4. Auflage, Berlin 1968 (zit: Zahn, Zahlung und Zahlungssicherung (1968))

ders. — Nationale Rechtselemente im Widerstreit mit der internationalen Praxis des Außenhandels, Geld, Kapital und Kredit, Festschrift für Heinrich Rittershausen, Stuttgart 1968, S. 246

Zahn, Johannes / Dahlmann, Franz — Banktechnik des Außenhandels, 9. Auflage, Wiesbaden 1993

Zahn, Johannes / Eberding, Ekkard / Ehrlich, Dietmar — Zahlung und Zahlungssicherung im Außenhandel, 6. Auflage, Berlin, New York 1986

EINLEITUNG

Gegenstand der vorliegenden Arbeit sind die Voraussetzungen und Auswirkungen höherer Gewalt auf die Rechtsbeziehungen des Dokumentenakkreditivs. Obwohl die Einheitlichen Richtlinien und Gebräuche für Dokumentenakkreditive der Internationalen Handelskammer (ERA) seit ihrer Erstfassung von 1933 eine ausdrückliche Regelung zur höheren Gewalt enthalten, scheint die Bedeutung der Materie erst in jüngerer Zeit ins Bewußtsein gerückt zu sein.[1] Detaillierte Betrachtungen existieren kaum, weder zu Art. 17 ERA noch allgemein zur höheren Gewalt im Dokumentenakkreditivgeschäft.

Aufgrund des bereits für sich genommenen komplexen Themas der höheren Gewalt und der geringen Anzahl detaillierter Ausarbeitungen jüngeren Datums werden deren Voraussetzungen und Rechtsfolgen separat und unabhängig von ihrer Bedeutung für das Dokumentenakkreditiv im ersten Teil der Arbeit behandelt. Im Hinblick darauf, daß es Ziel der Arbeit ist, die Auswirkungen höherer Gewalt auf die Rechtsverhältnisse beim Dokumentenakkreditiv aufzuzeigen, wird schon hier besonderes Gewicht auf die Erörterung bankrechtlich relevanter Sachverhalte gelegt.

Im zweiten Teil der Arbeit werden die Bedeutung und die Folgen höherer Gewalt für das Dokumentenakkreditiv dargestellt. Entsprechend deren Gewichtigkeit in der Praxis konzentriert sich die Arbeit auf Dokumentenakkreditive, auf die die ERA Anwendung finden. Der Vollständigkeit halber schließt eine Erörterung der Auswirkungen höherer Gewalt auf Dokumentenakkreditive an, für die die ERA nicht gelten.

---

1 s. Schütze, Dokumentenakkreditiv Rn. 449 ff., der sich in der 5. Auflage von 1999 erstmals mit der Thematik befaßt

ERSTER TEIL: HÖHERE GEWALT

1 Höhere Gewalt im deutschen Recht

1.1 Verschuldensgrundsatz

Die zivilrechtliche Haftung basiert auf den Verschuldensgrundsatz. Bis auf wenige gesetzlich statuierte Ausnahmetatbestände gilt sowohl für die vertragliche als auch außervertragliche Haftung, daß der Schuldner nur für solche Handlungen einzustehen hat, die er zu vertreten hat, d. h. die dem Schuldner als Verursacher zuzurechnen sind.[2] Was der Schuldner zu vertreten hat, bestimmt § 276 BGB, nämlich Vorsatz und Fahrlässigkeit.

Der Schuldner haftet für die Erbringung der vertraglich übernommenen Verpflichtung. Kann er sie nach Eingehung der vertraglichen Bindung nicht oder nur verspätet erbringen, ist er seinem Vertragspartner zum Schadensersatz verpflichtet. Unabhängig davon, ob der Sekundäranspruch auf Unmöglichkeit, Verzug oder positiver Forderungsverletzung beruht, kommt es darauf an, daß der Schuldner die Leistungsstörung zu vertreten hat.

Im Bereich des Deliktsrechts gilt grundsätzlich der gleiche Haftungsmaßstab. Der Schuldner hat nur dann Schadensersatz zu leisten, wenn er das schädigende Ereignis oder die schädigende Handlung zu vertreten hat. Trifft ihn keine Verantwortlichkeit im Sinne des § 276 BGB, ist er nicht ersatzpflichtig.

1.2 Verschuldensunabhängige Haftung

In bestimmten Situationen statuiert das Gesetz jedoch eine Haftung, ohne daß es auf ein Verschulden des Schuldners ankommt. Als Beispielsfälle sind §§ 279, 459, 463 S. 1, 678, 848 BGB oder auch die allgemeine Garantiehaftung aus § 305 BGB zu nennen.

Die verschuldensunabhängigen Haftungstatbestände sind nicht systematisch geregelt. Als Grundgedanke der ausnahmsweisen verschuldensunabhängigen Haftung gilt, daß der Schuldner entweder aufgrund der besonderen Umstände der übernommenen Verpflichtung in jedem Fall für den versprochenen Erfolg einstehen oder aufgrund der Schaffung oder des Betreibens einer

---

2 Fikentscher Rn. 501; Larenz JuS 1965, 373

Gefahrenquelle allein wegen deren besonderen Risikos für alle davon ausgehenden Schäden verantwortlich sein soll.[3] Der Grundgedanke der verschuldensunabhängigen Haftung ist der der Garantie- oder Gefährdungshaftung.

Der Schuldner haftet, sofern ein Tatbestand der verschuldensunabhängigen Haftung erfüllt ist, für alle Schäden, gleichgültig, ob diese ihm im Rahmen des § 276 BGB zuzurechnen sind, also auch für den von ihm unbeeinflußten, rein zufälligen Schadenseintritt. Aber auch wenn den Schuldner in den besonderen Fällen der verschuldensunabhängigen Haftung aufgrund der übernommenen unbedingten Verpflichtung bzw. grundsätzlichen Gefährdung eine bedingungslose Haftung treffen soll, hat der Schuldner nur für das einzustehen, was im Rahmen seines Haftungsrisikos liegt. Er haftet nur für solche Schäden, in denen sich das spezifische Betriebs- oder Sachrisiko der Gefahrenquelle verwirklicht bzw. die von seiner unbedingten Einstandspflicht umfaßt sind.[4]

Er haftet deshalb im Bereich der verschuldensunabhängigen Haftung grundsätzlich nicht für Schäden, die aufgrund höherer Gewalt eintreten.[5] Für die verschuldensunabhängige Haftung kommt es deshalb darauf an, zwischen Schadenseintritt aufgrund zufälliger Ereignisse und höherer Gewalt zu unterscheiden. Der Schuldner soll für die unbeeinflußte, zufällige Realisierung des von ihm übernommenen Risikos einstehen. Schäden, die sich nicht als die Verwirklichung dieses Risikos darstellen, sind auch im Rahmen der Garantie- und Gefährdungshaftung nicht vom Schuldner auszugleichen.

Entsprechend findet sich im Zusammenhang mit den gesetzlich normierten verschuldensunabhängigen Haftungstatbeständen eine Haftungsfreizeichnung für Fälle höherer Gewalt, so beispielsweise in §§ 651 j, 701 Abs. 3 BGB, 454 Abs. 1 HGB, 1 Abs. 2 HPflG, 4 UmwHG oder 33 LuftVG. Aber auch dann, wenn kein ausdrücklicher Haftungsausschluß vorgesehen ist, da hier ein Schaden eintritt, der unabhängig von dem Betreiben der Gefahrenquelle ist bzw. nichts mit der übernommenen Verpflichtung zu tun hat und somit dem Schuldner nicht zugerechnet werden kann.[6]

---

3 Fikentscher Rn. 510; Deutsch VersR 1971, 4

4 Larenz JuS 1965, 374; Esser, Gefährdungshaftung S. 112

5 Fikentscher Rn. 510; Kaden RabelsZ 31 (1967), 607

6 Deutsch VersR 1971, 4

Das Gesetz verwendet den Begriff der höheren Gewalt entweder als Beschränkung einer gesetzlich statuierten ausnahmsweisen verschuldensunabhängigen Haftung oder als Entlastungsgrund für Fristversäumnisse.[7] Aber auch dort, wo sich keine explizite gesetzliche Regelung findet, insbesondere im Bereich der Beendigung vertraglicher Hauptleistungspflichten, endet die Einstehensverpflichtung des Schuldners, wenn Leistungshindernisse durch höhere Gewalt verursacht sind.

1.3 Definition der höheren Gewalt

Obwohl in einer Vielzahl von gesetzlichen Normen der Begriff der höheren Gewalt verwendet wird, findet sich keine Legaldefinition. Bei der Schaffung des BGB wurde hierfür keine Notwendigkeit gesehen, da es sich bei der höheren Gewalt um einen "geläufigen Begriff"[8] handele und "Wissenschaft und Praxis mit diesem Ausdruck einen bestimmten, der Verdeutlichkeit durch Gesetz sich entziehenden Sinn"[9] verbänden.

Das hier fehlende Problembewußtsein überrascht, da die Definition der höheren Gewalt bereits in der Rechtsprechung des Reichsgerichts uneinheitlich und auch in der älteren Literatur überaus umstritten war.

1.3.1 Ältere Rechtsprechung und Literatur

Bereits die Rechtsprechung des Reichsgerichts und die ältere Literatur erkannten, daß das Gesetzesrecht den Begriff der höheren Gewalt nicht in einem einheitlichen Sinn verwendet und je nach Sinnzusammenhang durchaus unterschiedliche Situationen bezeichnet werden. Eine einheitliche Definition des vom Gesetz verwendeten Begriffs der höheren Gewalt wurde deshalb abgelehnt.[10] Es war jedoch stets anerkannt, daß neben den gesetzlich genannten – spezifisch zu definierenden – Tatbeständen ein allgemeiner Entlastungstatbestand der höheren Gewalt galt, der einheitlich zu definieren war.

---

7 als Beispiele für letzteres sind §§ 203, 1996 BGB, 233 ZPO a. F., Art. 54 WG und Art. 48 SchG zu nennen

8 Mugdan, Protokolle S. 784

9 ebd.

10 Henningsen S. 50; Stobbe S. 75 f.; Spaeth S. 59

In der älteren Literatur wurden mit höhere Gewalt im wesentlichen Umstände bezeichnet, die ohne Verschulden der Parteien eingetreten waren. Die Vertreter der von *Goldschmidt* begründeten subjektiven Theorie verstanden höhere Gewalt als Gegensatz zum Verschulden und stellten entsprechend nicht viel mehr Anforderungen an das Ereignis höherer Gewalt, als daß es sich um ein vom Schuldner nicht zu vertretendes unabwendbares Ereignis handelt.[11] Auch die Rechtsprechung folgte ursprünglich der subjektiven Theorie.[12]

Den Ansatz der subjektiven Theorie, daß höhere Gewalt nicht mehr als das Gegenteil eines verschuldeten Ereignisses sei, kritisierte die von *Exner* begründete objektive Theorie, die höhere Gewalt als ein von außen kommendes, betriebsfremdes und außergewöhnliches Ereignis von großer Intensität definierte.[13] Die Rechtsprechung hat in Folge der Verbreitung der objektiven Theorie sowohl Merkmale der subjektiven als auch der objektiven Theorie angewandt. Die Anwendung einer einheitlichen Definition läßt sich jedoch nur schwer feststellen.

Zum Teil wurde auf Betriebsfremdheit und Unvermeidbarkeit des Ereignisses abgestellt, wobei als betriebsfremd großteils lediglich unverschuldete Ereignisse angesehen wurden.[14] In anderen Entscheidungen hatte sich bereits ein anspruchsvolleres Verständnis entwickelt und Betriebsfremdheit wurde als Abgrenzungsmerkmal zur Betriebsgefahr verwendet, für die der Schuldner unabhängig von einer verschuldeten Handlung einzustehen hat.[15] Wiederum andere Entscheidungen hielten den Tatbestand der höheren Gewalt nur dann für erfüllt, wenn ein elementares, außergewöhnliches oder wegen der Häufigkeit seines Auftretens nicht in Kauf zu nehmendes Ereignis vorlag.[16]

Von der älteren Rechtsprechung des Reichsgericht und Literatur wurde nicht für erforderlich gehalten, daß das Ereignis für die Parteien unvorhersehbar sein muß, da sie von der Prämisse ausgingen, daß die Qualifizierung eines

---

11 ZHR 3 (1860), 89; Baron AcP 78 (1892), 290

12 RGZ 1, 252; RGZ 21, 13

13 Exner S. 56

14 RGZ 48, 409; RGZ 50, 92; a. A. Baron AcP 78 (1892), 290

15 RGZ 93, 94; RGZ 95, 64

16 RGZ 44, 27; RGZ 75, 386; RGZ 101, 94; RGZ 109, 172; RGZ 117, 12

Ereignisses als höhere Gewalt nicht vom Wissen und Willen der Parteien abhängig ist.[17] Erst spätere Entscheidungen des Reichsgericht diskutierten dieses Tatbestandsmerkmal, eine konsistente Rechtsprechung hat sich jedoch hierzu nicht entwickelt.[18]

1.3.2 Neuere Rechtsprechung und Literatur

Auch in der jüngeren Rechtsprechung und Literatur ist weiter anerkannt, daß das Gesetz den Begriff der höheren Gewalt uneinheitlich verwendet.[19] So setzt die gem. Art. 54 WG und Art. 48 SchG entschuldigte Fristversäumung ein von außen einwirkendes Ereignis voraus.[20] Für die Fristverlängerung des § 203 BGB ist dies jedoch nicht erforderlich, so daß auch Ursachen in der Sphäre des Betroffenen als höhere Gewalt angesehen werden können.[21] Während die Unvorhersehbarkeit des Ereignisses allgemein als Kernelement der höheren Gewalt angesehen wird[22], ist sie zur Erfüllung des von § 454 HGB verwendeten höhere-Gewalt-Begriffs unbedeutend.[23] Die Definition des vom Gesetz verwendeten Begriffs der höheren Gewalt bleibt auch heute weiter dem Kontext der jeweiligen gesetzlichen Vorschrift vorbehalten.

Die neuere Rechtsprechung handhabt den allgemeinen, unabhängig von den gesetzlichen Regelungen anerkannten höhere-Gewalt-Begriff strenger als die Rechtsprechung des Reichsgerichts und definiert ihn als ein "betriebsfremdes, von außen herbeigeführtes Ereignis, das nach menschlicher Einsicht und Erfahrung unvorhersehbar ist, mit wirtschaftlich erträglichen Mitteln und äußerster Sorgfalt nicht verhütet werden kann und aufgrund der Häufigkeit seines Auftretens auch nicht in Kauf zu nehmen ist".[24] Ebenso wie die jüngere Rechtsprechung des Reichsgerichts geht die moderne Recht-

---

17 RGZ 48, 409; RGZ 50, 92

18 vgl. RGZ 64, 404; RGZ 87, 52; offen gelassen von RGZ 104, 150 und RGZ 110, 209

19 Beitzke DB 1967, 1751; Doll S. 187 f.

20 Baumbach/Hefermehl Art. 54 WG Rn. 1

21 BGHZ 17, 201; Palandt/Heinrichs § 203 Rn. 4; MüKo/BGB-von Feldmann § 203 Rn. 3

22 vgl. nur BGHZ 7, 339; BGH NJW 1990, 572; BGH DB 1962, 165; Koller NJW 1996, 302

23 Baumbach/Hopt § 454 Rn. 7; Heymann/Honsell § 454 Rn. 13

24 BGHZ 7, 339; BGH DB 1962, 165; BGHZ 100, 185

sprechung von einem objektiv orientierten höhere-Gewalt-Begriff aus, wobei das kumulative Vorliegen der Merkmale Unvorhersehbarkeit, Unvermeidbarkeit, Betriebsfremdheit und Außergewöhnlichkeit gefordert wird.

Abgesehen von den Stimmen in der Literatur, die höhere Gewalt generell für die Begrenzung der Gefährdungshaftung für entbehrlich halten und sie in diesem Zusammenhang gänzlich ablehnen[25], hat die höhere-Gewalt-Definition der Rechtsprechung auch in der Literatur weitgehend Zustimmung gefunden.[26] Nur vereinzelt ist Kritik an der Kumulation der Tatbestandsmerkmale der höheren Gewalt und damit ihrer eingeschränkten Anwendung geübt worden.[27]

1.4 Rechtsfolgen

Im deliktischen Bereich führt die Qualifizierung eines schadensverursachenden Ereignisses als höhere Gewalt zum Ausschluß der persönlichen Haftung. Lediglich Mindermeinungen, die sich aber bislang nicht durchsetzen konnten, haben anstelle der gänzlichen Haftungsbefreiung eine Mithaftung entsprechend dem ggf. vorliegenden Beitrag des Schuldners zur Schadensverursachung gefordert.[28]

Im Vertragsrecht ist bei den Rechtsfolgen zu unterscheiden. Ist die Vertragserfüllung aufgrund eines Ereignisses höherer Gewalt überhaupt nicht mehr möglich, enden die wechselseitigen Primärpflichten. Die Parteien werden so behandelt, als ob das Vertragsverhältnis nie begründet worden wäre. Sind bereits Teilleistungen in Erfüllung der Vertragspflichten erbracht worden, findet ein Ausgleich nach Bereicherungsrecht statt. Andere in Ansehung des Vertragsverhältnisses von den Parteien verursachten Aufwendungen oder ihnen entstandene Kosten sind nicht auszugleichen.

Führt das Ereignis höherer Gewalt lediglich zu einer temporären Verhinderung der Leistungserbringung, ruhen die wechselseitigen Leistungspflichten. Die Haftung des Schuldners für die Verzögerung der Leitungserbringung

---

25 Will S. 305; Städtler S. 155

26 Esser/Schmidt S. 951; Beitzke DB 1967, 1752; Stobbe S. 77 f.; Palandt/Sprau § 651 j Rn. 3; Ingenstau/Korbion B § 6 Nr. 2 Rn. 47; Marton AcP 162 (1963), 61 f.

27 Spaeth S. 84: "... Anmutung einer Zusammenstellung aller möglichen Erschwerungsgründe ..."

28 Deutsch VersR 1971, 5; Doll S. 178 f.

entfällt. Es werden weder Ersatz des der anderen Partei entstandenen Verzugsschaden noch andere Ausgleichsleistungen geschuldet.

1.5 Die einzelnen Tatbestandsmerkmale der höheren Gewalt

1.5.1 Unvorhersehbarkeit

Sofern das Leistungshindernis für den Schuldner bei Eingehung der Verpflichtung vorhersehbar war, ist ihm bei dessen Eintritt die Berufung auf höhere Gewalt verwehrt. Der Schuldner kann sich bei Vorhersehbarkeit von Leistungsstörungen auf diese einstellen und Vorkehrungen für ihre Realisierung treffen, so daß ihm bei Eingehen der Verpflichtung ohne Vornahme entsprechender Vorkehrungen ein Verschuldensvorwurf ähnlich dem des Übernahme- bzw. Vorsorgeverschuldens zu machen ist.[29]

Als vorhersehbar ist das anzusehen, auf was sich ein verständiger Dritter in der Situation des Betroffenen eingestellt hätte. Auf die generelle Vorhersehbarkeit kommt es nicht an.[30] Die Schuldner hat bei Übernahme der vertraglichen Verpflichtung eine Wahrscheinlichkeitsprognose hinsichtlich der Durchführbarkeit des konkreten Vertrages aufzustellen. Dabei muß er auf die allgemeine Lebenserfahrung und Voraussicht abstellen und das Risiko potentieller Störungen abwägen. Kommt er zu dem Ergebnis, daß Störungen der Erfüllung des Vertrages wahrscheinlich sind, ist das Kriterium der Unvorhersehbarkeit nicht erfüllt.

Die konkret eintretende Vertragsstörung muß nicht in ihren Einzelheiten oder ihrem Ausmaß erkannt worden sein.[31] Es reicht aus, daß der Schuldner aufgrund der Besonderheiten des Vertrages Einbruchstellen für Störungen erkannt hat und diese für wahrscheinlich halten mußte, wie etwa in dem Fall des Abschlusses eines Vertrages über die Lieferung von Ware in Krisengebiete.[32] Wie letztendlich die Durchführung des Vertrages unmöglich wird, etwa durch vom Sitzstaat des Schuldners erlassene Ausfuhrverbote in das

---

29 Ingenstau/Korbion B § 6 Nr. 2 Rn. 47; vgl. auch Esser, Gefährdungshaftung S. 113, der das Merkmal der Vorhersehbarkeit für entbehrlich hält, da bereits das Erfordernis einer unverschuldeten Situation bedingt, daß diese nicht vorhergesehen werden konnte

30 Leonhard, Festschrift für Träger S. 27

31 Koller, Risikozurechnung S. 218

32 LG Karlsruhe WM 1993, 1568

Krisengebiet, Beschlagnahmung der Ware im Empfängerstaat oder deren Zerstörung durch die dort eintretenden kriegerischen Auseinandersetzungen, ist unerheblich.

Die Risikoprognose des Schuldners wird je nach den Besonderheiten des Vertragsverhältnisses unterschiedlich ausfallen. So darf sie bei einem kurzfristigen Vertrag, der mit einer einmaligen Erfüllungshandlung, die zeitnah zur Eingehung der Verpflichtung zu erbringen ist, bestimmte Faktoren außer acht lassen, die bei einer langfristigen Bindung durchaus zu berücksichtigen sind. Hier müssen Veränderungen durch Zeitablauf und allein schon damit verbundene Risiken, wie etwa Leistungserschwerungsrisiken aufgrund Teuerungsrate und Beschaffungsrisiko, miteinkalkuliert werden.[33]

Die Angemessenheit der Risikoprognose des Schuldners ist stets ex ante zu beurteilen.[34] Fehlprognosen schaden dem Schuldner grundsätzlich nicht, solange er bei Eingehung der Verpflichtung überhaupt in angemesser Weise berücksichtigt hat, daß bestimmte Umstände Anlaß zur Einbeziehung in seine Überlegungen geben. Schätzt der Schuldner sein Risiko aber trotz vernünftiger Abwägung falsch ein, kann hieraus kein Verschuldensvorwurf abgeleitet werden.

1.5.2 Unabwendbarkeit

Der Schuldner darf sich nur dann auf höhere Gewalt berufen, wenn er die ihm zur Verfügung stehenden Mittel zur Abwendung der Vertragsstörung eingesetzt hat und mit ihnen erfolglos geblieben ist. Er darf sich dem der Erfüllung seiner Vertragspflichten entgegenstehenden Ereignis nicht schlicht hingeben, sondern muß alles in seinen Kräften stehende unternehmen, um die Erfüllung seiner Verpflichtung sicherzustellen und dem Leistungshindernis entgegenzuwirken.[35]

Die Rechtsprechung verlangt, daß das Ereignis durch "äußerste, billigerweise zu erwartende Sorgfalt nicht vermieden werden kann".[36] Jedoch darf dies nicht in dem Sinne verstanden werden, daß es auf die Abwendung des zur Leistungsbehinderung führenden Ereignisses ankommt. Im Deliktsrecht mag

---

33 BGH NJW 1976, 143; BGH WM 1973, 385; Koller, Risikozurechnung S. 226

34 Koller, Risikozurechnung S. 221

35 BGHZ 17, 201; Palandt/Heinrichs § 203 Rn. 4

36 BGHZ 100, 188; LG Karlsruhe WM 1993, 1567

dieses Verständnis der Unabwendbarkeit eher Berechtigung haben. Im Bereich der Leistungsstörungen kommt es bei Feststellung der Unabwendbarkeit nicht auf die Verhinderung der Entstehung des störenden Ereignisses an, sondern auf die Abwehr seiner Auswirkungen auf die Leistungspflichten des Schuldners.

Die Vornahme eines erfolglosen Abwendungsversuchs reicht nicht aus, wenn dem Schuldner noch alternative Abwehrmaßnahmen zur Verfügung stehen. Diese müssen vom Schuldner ausgeschöpft werden.[37] Auch muß der Schuldner Abwehrmaßnahmen so ausführen, daß sie tatsächlich dazu geeignet sind, das das Vertragsverhältnis beeinträchtigende Ereignis abzuwenden. Rechtsmittel müssen fristgerecht eingelegt, Gegenmaßnahmen rechtzeitig vorgenommen werden, so daß die Vertragserfüllung noch möglich ist. Ein Verschulden des Schuldners am erfolglosen Einsatz seiner Abwehrmaßnahmen schließt seine Berufung auf höhere Gewalt aus.[38]

Die Grenze der Abwendungspflicht des Schuldners findet sich in der Zumutbarkeit und der Erfolgswirksamkeit der ihm zur Verfügung stehenden Mittel. Keine Verpflichtung zur Abwendung von äußeren Einwirkungen besteht dann, wenn die dem Schuldner zur Verfügung stehenden Mittel offensichtlich nicht zu dem gewünschten Erfolg der Abwendung des störenden Ereignisses und Durchführung des Vertrages führen können. So muß der Schuldner nicht erst Rechtsmittel einlegen, wenn deren Erfolgsaussichten unwahrscheinlich sind oder die Durchführung des Vertrages nach erfolgreichem Beschreiten des Rechtsweges wirtschaftlich sinnlos ist, um sich auf höhere Gewalt berufen zu dürfen.

Gleiches gilt, wenn die Abwehrmaßnahmen des Schuldners unverhältnismäßig zum wirtschaftlichen Wert des Vertrages sind. Die Grenze der wirtschaftlichen Zumutbarkeit ist jedoch nicht schon bei Neutralisierung des Wertes des Vertragsabschlusses durch den Einsatz von Abwehrmaßnahmen erreicht. In diesem Fall würde das Risiko, daß die Leistung nur noch unter zusätzlichem Aufwand erbracht werden kann - und damit das wirtschaftliche Risiko des Schuldners - auf den Vertragspartner verlagert. Es muß vielmehr ein deutliches Mißverhältnis zwischen dem Wert der Vertragsausführung

---

37 BGHZ 17, 201; LG Karlsruhe WM 1993, 1569

38 BGHZ 81, 355; BGH NJW 1973, 698; LG Karlsruhe WM 1993, 1568; BGH WM 1997, 1533; vgl. auch hier Esser, Gefährdungshaftung S. 113, der annimmt, daß die Abwendbarkeit eines Ereignisses bereits ein Verschulden des Schuldners impliziert und die Unabwendbarkeit deshalb kein separat zu prüfendes Tatbestandsmerkmal der höheren Gewalt ist (s. auch Fn. 29)

und den Kosten der eingesetzten Abwehrversuche bestehen. Erst dann ist es dem Schuldner unzumutbar, gegen störende Einwirkungen vorzugehen und diese als unabwendbar anzusehen.

1.5.3 Betriebsfremdheit

Als betriebsfremde Ereignisse werden solche verstanden, die "von außen" auf die Verpflichtung des Schuldners einwirken. Nachdem ursprünglich mit betriebsfremd ein vom Schuldner nicht zu vertretendes Ereignis bezeichnet wurde, soll nach der modernen Rechtsprechung und Literatur hiermit eine Abgrenzung zu Ursachen geschaffen werden, die zum Betriebs- und Sachrisiko des Schuldners gehören und damit per se nicht zu Lasten des Vertragspartners gehen können.[39]

Die Realisierung von betriebsinternen Risiken ist deshalb nie höhere Gewalt auch dann nicht, wenn ihr Eintritt unvorhersehbar und unabwendbar ist. Ausgangspunkt für die Bestimmung betriebsfremder Ereignisse muß deshalb die Abgrenzung der vom Schuldner zu tragenden Betriebs- und Sachgefahr sein.

Der Schuldner steht gegenüber seinem Vertragspartner für Funktionieren seiner Produktionsmaschinen, Verfügbarkeit seiner Arbeitskräfte und insgesamt seine Leistungsfähigkeit ein. Der Ausfall seiner Hilfsmittel geht zu seinen Lasten, sofern nicht dessen Ursache ein übermächtiges Ereignis ist, das mit dem allgemeinen Betriebs- oder Sachrisiko des Schuldners nichts zu tun hat.

Die Abgrenzung solcher "Erstursachen", die im Betrieb des Schuldners das störende Ereignis auslösen, wie etwa eine sich rasch ausbreitende Krankheit, die zum Ausfall aller Arbeitskräfte führt, von betriebsinternen Störungen, ist nicht unproblematisch. Bei der Abgrenzung ist von grundsätzlicher Bedeutung, daß es nicht auf den Ort der Verwirklichung der Ursache der Leistungsstörung ankommt, sondern auf den inneren Zusammenhang zwischen latenter Betriebsgefahr und sich verwirklichendem Risiko.[40] Auch Ereignisse, die innerhalb der räumlichen Grenzen des Betriebes ihren Niederschlag finden, können deshalb höhere Gewalt sein. Als Abgrenzungskriterium für

---

39 Esser, Gefährdungshaftung S. 115

40 Leonhard, Festschrift für Träger S. 24; vgl. aber Schmid, NJW 1979, 18, der allein aufgrund des Ortes ihrer Entstehung und Durchführung Arbeitskampfmaßnahmen nie als höhere Gewalt ansieht; hierzu siehe unten Abschnitt 3.2.3

Risiken, die beim Schuldner verbleiben, von solchen, die bei ihrer Anerkennung als höhere Gewalt der Vertragspartner zu tragen hat, ist auf die Beherrschbarkeit des Risikos für den Schuldner abzustellen.[41] Dabei geht es nicht um die Beherrschbarkeit der Quelle der Vertragsstörung, sondern um die Beherrschbarkeit ihrer Auswirkung auf die Leistungspflichten.

Kann der Schuldner von außen auf das Leistungsverhältnis einwirkende Faktoren auffangen, etwa durch Umorganisation seines Betriebes, ist ihm eine Berufung auf höhere Gewalt nicht zuzubilligen. In diesem Fall wäre auch bereits die Grenze zur Vermeidbarkeit überschritten. Erst wenn das Ereignis sich in atypischer Weise und übermächtig im Betrieb des Schuldners auswirkt, ist es als höhere Gewalt anzusehen.

1.5.4 Außergewöhnlichkeit

Das Merkmal der Außergewöhnlichkeit resultiert aus der objektiven Theorie des 19. Jahrhunderts, die hiermit versuchte, den Charakter von Ereignissen höherer Gewalt als "elementar und von besonderer Intensität"[42] aufzuzeigen.

Als außergewöhnlich ist das anzusehen, was "nicht aufgrund der Häufigkeit seines Eintritts in Kauf genommen werden muß".[43] Die Außergewöhnlichkeit des Ereignisses ist das wesentliche Abgrenzungskriterium zwischen alltäglichen und deshalb in Kauf zu nehmenden Einwirkungen und solchen, die aufgrund ihres ungewöhnlichen Charakters den Schuldner ausnahmsweise von seiner Haftung befreien. Ohne das Merkmal der Außergewöhnlichkeit könnte kaum eine Unterscheidung zwischen höherer Gewalt und Zufall getroffen werden.[44] Ein Ereignis kann durchaus unvorhersehbar, unabwendbar und von außen kommend sein und dennoch zum alltäglichen Geschehensablauf gehören.[45] Den Schuldner in einem solchen Fall von seiner vertraglichen Verpflichtung zu befreien, ist offensichtlich unbillig. Die Parteien schließen Verträge gerade unter der Prämisse des Eintritts von allgemein üblichen Ereignissen und nehmen diese als generelles Risiko hin. Dement-

---

[41] Esser, Gefährdungshaftung S. 115

[42] Exner S. 58

[43] RGZ 109, 172

[44] Eberstein S. 110; Böhmer MDR 1959, 351

[45] BGHZ 7, 339

sprechend können übliche Ereignisse auch keine Aufhebung der einmal geschaffenen Risikoverteilung rechtfertigen.

Die Grenze zur höheren Gewalt ist hier an dem zu bemessen, was für den Schuldner 'normal' ist. Dabei kommt es auf die subjektive Situation des Schuldners an. Derjenige, der mit einem ständigen Risiko lebt, kann sich nicht zu Lasten seines Vertragspartners darauf berufen, dieses habe sich verwirklicht. Für ihn ist ein anderes Maß der Außergewöhnlichkeit anzusetzen. Bei der Beurteilung des Alltäglichen ist sowohl auf den qualitativen als auch den quantitativen Rahmen abzustellen. Ist nur eine von beiden Grenzen in entsprechendem Maße überschritten, ist das Ereignis außergewöhnlich. Das geringfügige Überschreiten dieses Rahmens reicht für die Annahme eines außergewöhnlichen Ereignisses noch nicht aus. Bereits die sprachliche Umschreibung zeigt, daß Ungewöhnliches noch im Rahmen des allgemeinen hinzunehmenden Risikos liegt.

1.6 Stellungnahme

Die Lehre von der höheren Gewalt ist eine Durchbrechung der bestehenden gesetzlichen oder vertraglich geschaffenen Risikoverteilung aus Billigkeitsgründen. Die Parteien sollen an die ihnen gesetzlich obliegenden oder vertraglich übernommenen Verpflichtungen gebunden bleiben, solange nicht eine Situation eintritt, die ein weiteres Festhalten hieran als unzumutbar erscheinen läßt.

Gesetz und Rechtsprechung erkennen verschiedene Leistungsstörungen an, die primäre Leistungspflichten beseitigen oder modifizieren, wie etwa Unmöglichkeit, Verzug oder Wegfall der Geschäftsgrundlage. Diese haben zur Gemeinsamkeit, daß anerkannt wird, daß das Vertragsverhältnis wie von den Parteien geschlossen nicht realisiert werden kann. Anstelle der vereinbarten Verpflichtungen treten aber Schadensersatz- bzw. an die veränderten Umstände angepaßten Vertragspflichten.

Höhere Gewalt sieht als Rechtsfolge einen im Vergleich zu diesen Leistungsstörungen schärferen Eingriff in die wechselseitigen Leistungsverpflichtungen vor, nämlich den der völligen Aufhebung des Leistungsverhältnisses. Es existieren weder Primär- noch Sekundärpflichten der Parteien. Das Vertragsverhältnis wird nicht nur eliminiert, sondern die Parteien werden so gestellt, als ob eine Vereinbarung der beiderseitigen Pflichten nie stattgefunden hätte. Lediglich bereits erbrachte Leistungen werden im Wege des Bereicherungsausgleichs rückabgewickelt.

Die Beendigung der geschaffenen Haftungslage aufgrund höherer Gewalt stellt eine Ausnahme dar, die greift, wenn Billigkeitsaspekte keine andere Rechtsfolge mehr als angemessen zulassen als die Beendigung der Verpflichtungen. Sie kann aufgrund des der höheren Gewalt innewohnenden "Alles oder Nichts-Prinzips"[46] nur in Extremsituationen zum Tragen kommen und muß restriktiv gehandhabt werden.

Die Auffassung, daß die Vorhersehbarkeit für die Annahme eines Ereignisses höherer Gewalt nicht schadet, hat zur praktischen Konsequenz, daß der Schuldner unbeschadet Verpflichtungen eingehen kann, auch wenn er weiß, daß er diese nicht erfüllen kann. Die Entlassung des Schuldners aus seiner Verpflichtung aufgrund von höherer Gewalt ist aber nur dann gerechtfertigt, da der Schuldner nicht für außergewöhnliche, für ihn nicht kontrollierbare Ereignisse einstehen soll. Mit anderen Worten: Der Schuldner soll nur dann nicht haften, wenn ihm kein Verschuldensvorwurf gemacht werden kann.

Ist das Leistungshindernis für ihn aber vorhersehbar und übernimmt er die vertragliche Verpflichtung trotz des Risikos, daß ihre Erfüllung vereitelt wird, übernimmt er auch die Haftung für die Realisierung dieses Risikos. Der Schuldner ist diesem Risiko nicht machtlos ausgeliefert, sondern in der Lage, bei Vertragsschluß entweder Vorkehrungen zur Erfüllung seiner Verpflichtungen zu treffen oder den Vertrag nicht vorbehaltlos abzuschließen. Was vorhersehbar ist, ist letztlich für den Schuldner entweder vermeidbar oder zumindest kompensierbar.

Unterläßt es der Schuldner angesichts der bevorstehenden Vertragsstörung auf die Vertragsgestaltung entsprechend Einfluß zu nehmen, kann er sich nicht darauf berufen, unverschuldet in die Situation geraten zu sein, die von ihm übernommene Vertragspflicht nicht erfüllen zu können. Ihm ist hier der Vorwurf des Übernahme- bzw. Vorsorgeverschuldens zu machen.

Ebenfalls aufgrund des dem Schuldner vorzuwerfenden Verschuldens bei der Nichtabwehr vermeidbarer Eingriffe, ist bei diesen die Berufung auf höhere Gewalt ausgeschlossen. Ist das Ereignis als vermeidbar i. S. der höheren Gewalt anzusehen, hat der Schuldner durch sein Untätigbleiben an der Vertragsstörung mitgewirkt, so daß er nicht in den Genuß der Entlassung aus seiner Verpflichtung kommen soll.

Das Merkmal der Außergewöhnlichkeit bedarf besonderer Beachtung. Gerade hierdurch wird der besondere Charakter der höheren Gewalt als Ex-

---

[46] Doll S. 117

tremsituation hervorgehoben. Die Außergewöhnlichkeit des Ereignisses zeigt den Unterschied zum allgemeinen Lebensrisiko, dem jede Art der rechtsgeschäftlichen Betätigung unterliegt. Erst wenn ein Ereignis, mag es auch noch so schwer abwendbar oder vorhersehbar sein, überaus ungewöhnlich ist, kann es als höhere Gewalt angesehen werden. Ohne das einschränkende Element der Außergewöhnlichkeit wäre höhere Gewalt stets schon bei "Funktionieren von Mensch und Technik"[47] anzunehmen.

Nicht außer acht gelassen werden darf auch das Merkmal des Ereignisses als betriebsfremd. Als betriebsfremd ist entsprechend der modernen Literatur und Rechtsprechung nicht schon jedes unverschuldete Ereignis anzusehen, sondern erst ein Umstand, der losgelöst von der vom Schuldner getragenen Betriebs- oder Sachgefahr ist. Die Unterscheidung ist von Bedeutung, um die spezifischen Risiken, die der Schuldner mitübernommen hat, bei diesem zu belassen und sie nicht auf seinen Vertragspartner abzuwälzen.

Ob ein Fall höherer Gewalt vorliegt, ist deshalb kumulativ anhand aller vier Kriterien, Betriebsfremdheit, Unvorhersehbarkeit, Unabwendbarkeit und Außergewöhnlichkeit zu beurteilen.

Insgesamt darf bei der Beurteilung eines Ereignisses als höhere Gewalt nie deren Natur unberücksichtigt gelassen werden. Sie ist die Korrektur einer vertraglich oder gesetzlich geschaffenen Haftungssitutation aus Billigkeitsgründen. Durch die wird eine vorgegebene Risikoverteilung aufgehoben. Es darf nicht übersehen werden, daß dies stets zum Nachteil des Vertragspartners desjenigen geht, der sich auf höhere Gewalt beruft. Er will in der Regel an den Vertragspflichten festhalten und die versprochene Leistung erhalten. Daß er bei höherer Gewalt von seiner Gegenleistungspflicht frei wird, ist zumeist von untergeordneter Bedeutung. Die Berufung auf höhere Gewalt bedeutet deshalb eine Risikoverlagerung auf den Vertragspartner bzw. dessen Beteiligung am eigenen Risiko. Es ist deshalb nicht nur eine starre Subsumption unter die genannten Kriterien vorzunehmen, sondern stets auch ein Billigkeitsmaßstab anzulegen und zu fragen, welche Vertragspartei das eingetretene Risiko billigerweise zu tragen hat.

2 Höhere Gewalt in anderen Rechtsordnungen

Der Grundsatz, daß höhere Gewalt die Parteien aus ihren wechselseitigen Verpflichtungen befreit, ist nicht nur im deutschen Recht sondern auch in

---

[47] MüKo/HBG-Blaschczok § 454 Rn. 15; Blaschczok S. 37

ausländischen Rechtsordnungen anerkannt. Obwohl es naheliegend erscheint, daß hierunter ein homogenes Rechtsprinzip verstanden wird, hat der Begriff der höheren Gewalt in den einzelnen Rechtsordnungen keine einheitlichen Konturen und ist teilweise von einem sehr unterschiedlichen Verständnis geprägt.[48]

Gemein ist den bekannten Rechtsordnungen, daß die Haftungsentlassung aufgrund höherer Gewalt einen Ausnahmetatbestand darstellt und die höhere Gewalt zur Folge hat, daß weder Schuldner noch Gläubiger für vertragsstörende Ereignisse einzustehen haben und von ihren Vertragsleistungen frei werden. Dabei variieren in den einzelnen Rechtsordnungen sowohl die rechtlichen Grundlagen als auch die Tatbestandsmerkmale der höheren Gewalt. Zum Teil existieren allgemeine Vorschriften, die die Folgen höherer Gewalt regeln.[49] Auf eine Legaldefinition wird jedoch allgemein verzichtet.

Exemplarisch werden im folgenden die Grundsätze der höheren Gewalt im englischen, französischen und - aufgrund seiner zwischen dem französischen und deutschen Recht vermittelnden Stellung - schweizerischen Recht dargestellt.

2.1 Frankreich

Anders als im deutschen Recht enthält das französische Recht in Art. 1148 Code Civil eine ausdrückliche gesetzliche Regelung zur Auswirkung höherer Gewalt auf schuldrechtliche Leistungspflichten. Art. 1148 Code Civil entläßt den Schuldner von seiner vertraglichen Verpflichtung, wenn diese aufgrund höherer Gewalt vereitelt wird. Gleiches gilt auch für durch Zufall verursachte Leistungsstörungen.

Das französische Recht verwendet die Begriffe Zufall (*Cas Fortuit*) und höhere Gewalt (*Force Majeure*) teils gemeinsam, teils aber auch separat in unterschiedlichen gesetzlichen Vorschriften. Die Literatur versuchte ursprünglich, Kriterien für die Unterscheidung zwischen Zufall und höherer Gewalt zu entwickeln. Diese Abgrenzungsversuche haben sich nicht durchgesetzt,

---

[48] vgl. Khadjavi-Gontard/Hausmann RIW/AWD 1980, 534; Khan Journal du Droit International 1975, 474; Beitzke DB 1967, 1751; Fontaine Droit et Pratique du Commerce International 1979, 473; Lesguillons Droit et Pratique du Commerce International 1979, 509; Will S. 285

[49] wie etwa Art. 1148 des französischen Code Civil oder § 293 des Gesetzes über internationale Wirtschaftsverträge der DDR

so daß heute allgemein davon ausgegangen wird, daß die Begriffe inhaltsgleich sind.[50]

Die Tatbestandsmerkmale der höheren Gewalt bzw. des Zufalls sind in der Literatur und Rechtsprechung zum Teil heftig umstritten. Allgemein wird für das haftungsbefreiende Ereignis verlangt, daß es sich um eine *Cause Etrangère* handeln muß, worunter ein vom Schuldner nicht zu vertretendes oder ein "von außen kommendes" Ereignis verstanden wird. Eine klare Definition der *Cause Etrangère* hat sich nicht entwickelt.[51] Nicht verlangt wird, daß dieses Ereignis betriebsfremd im Sinne des deutschen Rechtsverständnisses ist.[52] Auch in der Risikosphäre des Schuldners entstehende Ereignisse können deshalb als höhere Gewalt angesehen werden, sofern sie vom Schuldner nicht verursacht sind.[53]

Umstritten ist in der französischen Lehre, ob die Merkmale der Unvorhersehbarkeit und Unvermeidbarkeit kumulativ vorliegen müssen oder ob es ausreichend ist, wenn eines dieser Merkmale erfüllt ist. Letztere Meinung wird mit der Begründung vertreten, daß der Schuldner, der nicht in der Lage ist, ein voraussehbares Ereignis zu verhindern, nicht schlechter stehen soll, als der Schuldner, der ein abwendbares Ereignis nicht voraussieht. Der Verschuldensvorwurf sei in beiden Fällen gleichwertig.[54]

Das französische Recht geht dabei von einem anderen Verständnis der Vorhersehbarkeit aus. Es kommt nicht darauf an, daß der Schuldner mögliche Eingriffe konkret vorhersieht bzw. vorhersehen kann. Es ist bereits ausreichend, daß bestimmte Vorkommnisse in ihrer Generalität, unabhängig von der vertragsspezifischen Prognose, voraussehbar sind.[55] So werden z. B. Naturereignisse wie starker Regen oder für den Juristen Gesetzesänderungen

---

50 Lesguillons Droit et Pratique du Commerce International 1979, 519; Kaden RabelsZ 31 (1967), 621 f.; Stobbe S. 55

51 Marton AcP 162 (1963), 61

52 Khan Journal du Droit International 1975, 470; Lesguillons Droit et Pratique du Commerce International 1979, 521; Kaden RabelsZ 31 (1967), 623; Spaeth S. 117 f.; Caytas S. 284; Franηon S. 337

53 Biermann ArchBürgR 10 (1895), 50; Henningsen S. 75; Caytas S. 284

54 Kaden RabelsZ 31 (1967), 625; Mazeaud/Tunc Rn. 1665

55 Lesguillons Droit et Pratique du Commerce International 1979, 521; Spaeth S. 137; vgl. auch Krüger RIW/AWD 1978, 650 zum auf Grundlage des französischen Rechts entwickelten iranischen Recht

als stets vorhersehbare Ereignisse angesehen. Es kommt also auf die rein theoretische Vorhersehbarkeit an. Lediglich zum ersten Mal oder zum ersten Mal in ungewöhnlichem Umfang und Ausmaß auftretende Begebenheiten sind als höhere Gewalt anzusehen. Somit ist so gut wie jede Leistungsstörung vorhersehbar. Nicht überraschend ist deshalb, daß die Vorhersehbarkeit des Ereignisses als Abgrenzungsmerkmal der höheren Gewalt in Frage gestellt und teilweise überhaupt nicht mehr für die Definition der höheren Gewalt vorausgesetzt wird.[56]

Entsprechend dem französischen Verständnis von der Gleichwertigkeit zufälliger Ereignisse und solcher höherer Gewalt wird auch nicht unbedingt gefordert, daß es sich bei dem die Befreiung des Schuldners von seiner Leistungspflicht rechtfertigenden Ereignis um einen außergewöhnlichen Sachverhalt handeln muß.[57]

Obwohl im französischen Recht die gleichen Tatbestandsmerkmale der höheren Gewalt wie im deutschen Recht zumindest andiskutiert werden, geht es von einem weiteren höhere-Gewalt-Begriff aus. Dies resultiert teils aus der fehlenden Unterscheidung zwischen Zufall und höherer Gewalt, teils auch daraus, daß andere und vielfach geringere Anforderungen an die einzelnen Tatbestandsmerkmale gestellt werden und damit einhergehend aus der Bereitschaft, höhere Gewalt wesentlich großzügiger anzuwenden.

2.2 England

Die unklarsten Konturen hat die höhere Gewalt im englischen Recht. Dies beruht auf dem historischen Hintergrund, daß eine Entlassung der Vertragsparteien aus den einmal übernommenen vertraglichen Verpflichtungen grundsätzlich abgelehnt wurde.[58] Der Grundsatz 'pacta sunt servanda' beherrschte das vertragsrechtliche Denken. Vorkehrungen für Eingriffe in den einmal geschlossenen Vertrag zu treffen, wurde als Verantwortung der Parteien angesehen. Die Anerkennung genereller Möglichkeiten, von dem einmal geschlossenen Vertrag aufgrund dessen sich später herausstellenden Undurchführbarkeit wieder Abstand zu nehmen, hat sich erst spät und nur in engen Grenzen verbreitet.

---

56 vgl. Mazeaud/Tunc Rn. 1665

57 Kaden RabelsZ 31 (1967), 628; Fontaine L'Adaption des contrats S. 78; Khan Journal du Droit International 1975, 469; Krüger RIW/AWD 1978, 650

58 Biermann ArchBürgR 10 (1895), 44; Caytas S. 316; von Beringe DB 1963, 758

Das englische Recht bejaht eine Beendigung von vertraglichen Pflichten ohne Ersatzleistung bei Vorliegen von Ereignissen, die als Act of God bezeichnet werden. Hierunter werden ausschließlich Einwirkungen von Naturgewalten verstanden.[59] Deren mittelbare Verursachung oder Mitverursachung durch menschliche Handlung schließt das Vorliegen eines Act of God stets aus.[60]

Die überwiegende Meinung nimmt an, daß ein als Act of God geltendes Ereignis impliziert, daß dieses unabwendbar ist. Teilweise wird zudem verlangt, daß es sich um ein außergewöhnliches Naturereignis handeln muß.[61] Es hat sich jedoch keine eindeutige Meinung herausgebildet, an welche weiteren Voraussetzungen anzuknüpfen ist, so daß im Wesentlichen auf die Kasuistik der Gerichte abzustellen ist.

Neben dem Act of God erkennt das englische Recht als Entlassungsgrund aus der vertraglichen oder deliktischen Haftung auch Ereignisse an, die als Act of the King/Queen's Enemies bezeichnet werden. Hiermit sind Eingriffe ausschließlich exterritorialer Art mit staatsfeindlichem Charakter, mit anderen Worten kriegerische Eingriffe gemeint.[62]

Aufgrund der restriktiven Handhabung der Entlassung der Parteien aus einmal vertraglich begründeten Verpflichtungen hat sich eine extensive Klauselpraxis zur höheren Gewalt entwickelt.[63] In diesem Zusammenhang verbreitete sich auch der Begriff der Force Majeure, der dem französischen Recht entnommen ist. Er ist im englischen Recht anders als die Begriffe des Act of God or the King/Queen's Enemies nahezu gänzlich unbestimmt geblieben. Häufig ist zu seiner Definition auf das französische Recht zurückgegriffen worden. Eine allgemeingültige Definition hat sich jedoch nicht entwickelt.[64] Einigkeit besteht insoweit, daß Force Majeure über Act of God hinausgehende Ereignisse insbesondere andere als Naturereignisse bezeichnet.[65]

---

[59] Gesang S. 97; Henningsen S. 65; Biermann ArchBürgR 10 (1895), 30

[60] Henningsen S. 65; Biermann ArchBürgR 10 (1895), 30

[61] Gesang S. 97; Henningsen S. 67 f.; Biermann ArchBürgR 10 (1895), 34

[62] Henningsen S. 71; Biermann ArchBürgR 10 (1895), 37

[63] Gesang S. 83

[64] Gesang S. 92

[65] Cartoon JBusL 1978, 230; Gesang S. 90; Caytas S. 361

Eine Haftungsfreizeichnung aufgrund Force Majeure und anderen Gründen als Act of God or the King/Queen's Enemies kommt nur dann in Betracht, wenn dies zwischen den Parteien vereinbart ist. Da der Begriff Force Majeure keiner allgemeingültigen Definition unterliegt, hängt seine Bedeutung wesentlich vom Wortlaut der vertraglichen Vereinbarung ab und ist anhand ihres Kontexts zu erschließen. Aufgrund seiner Unbestimmtheit wird der Begriff auch kaum isoliert verwendet, sondern stets im Zusammenhang mit einer Aufzählung bestimmter, die vereinbarte Rechtsfolge auslösender Sachverhalte. Dabei wird davon ausgegangen, daß die in der vertraglichen Klausel benannten Ereignisse den Charakter der unter den Begriff Force Majeure zu subsumierenden Sachverhalte vorgeben. Diese als ejusdem generis rule bezeichnete Lehre leitet die Definition der Force Majeure von den neben ihr genannten Haftungsentlassunggründen ab und sieht als Force Majeure alle Ereignisse an, die den explizit bezeichneten Ereignissen gleichkommen.[66] Der Auslegung des Begriffs Force Majeure geht deshalb eine Untersuchung der konkret bezeichneten Umstände auf deren Gemeinsamkeiten voraus. An diesen ist schließlich festzumachen, welche Qualität nicht explizit bezeichnete Umstände erfüllen müssen, um unter Force Majeure subsumiert werden zu können.

2.3 Schweiz

Das schweizerische Recht nimmt eine zwischen dem deutschen und dem französischen Recht vermittelnde Position ein.

Anders als im französischen Recht wird zwischen Zufall und höherer Gewalt unterschieden.[67] Wie im deutschen Recht wird Zufall als ein der höheren Gewalt ähnelnder Tatbestand angesehen, an den aber geringere Anforderungen zu stellen sind.[68] Die überwiegende Rechtsprechung und Literatur definieren höhere Gewalt als ein "von außen kommendes, mit unwiderstehlicher Macht eintretendes außergewöhnliches Ereignis".[69]

---

66 Gesang S. 95 f.

67 Lesguillons Droit et Pratique du Commerce International 1979, 519; Kaden RabelsZ 31 (1967), 610; von Thur/Escher S. 120 f.; Hausheer/Weber § 97 Rn. 247

68 von Thur/Escher S. 120 f.; Hausheer/Weber Art. 97 Rn. 243; Guhl/Koller § 10 Rn. 33

69 BGE 57 II, 511; BGE 111 II, 434; Hausheer/Weber Art. 297 Rn. 244; von Thur/Escher S. 121

Ein Teil der Literatur und Rechtsprechung fordert zudem, daß das Ereignis unvorhersehbar sein muß, ohne jedoch hierfür eine besondere Begründung anzuführen.[70] Eine einheitliche Meinung oder auch ein besonderes Problembewußtsein dazu, ob das Ereignis vorhersehbar sein muß oder nicht, hat sich bislang nicht entwickelt. Die wenigen Meinungen, die auf das Merkmal der Unvorhersehbarkeit verzichten und dies auch begründen, argumentieren, daß Ereignisse höherer Gewalt allein anhand objektiver Kriterien zu bestimmen sind und ihre Vorhersehbarkeit als rein subjektives Element hiermit in Widerspruch stehe.[71]

Streit herrscht in der Literatur darüber, ob die Betriebsfremdheit des Ereignisses überhaupt für die Definition der höheren Gewalt erforderlich ist.[72] Das Merkmal der Betriebsfremdheit hat im schweizerischen Recht insbesondere deshalb Ablehnung erfahren, da es als für schwierig zu definieren und die Übergänge für zu fließend empfunden wurden. Als besonders problematisch wird der Fall von arbeitsrechtlichen Vertragsstörungen eingeschätzt, die zweifellos innerhalb des Betriebes des Schuldners stattfinden, dennoch aber als höhere Gewalt anzusehen sein sollen,[73] was ein – dem deutschen Recht eher fremdes - räumliches Verständnis der Betriebsfremdheit aufzeigt.

Wie auch in Deutschland wird in der schweizerischen Literatur in jüngster Zeit gefordert, daß die Bejahung höherer Gewalt nicht zu einer absoluten Haftungsfreizeichnung unter Außerachtlassung anderer schadensbegründender Faktoren führen soll, sondern diese im Rahmen einer quotalen Haftung mitberücksichtigt werden sollen.[74] Diese Meinungen haben sich wie auch im deutschen Recht bislang nicht durchsetzen können.

Obgleich das schweizerische Recht von den hier näher dargestellten Rechtsordnungen dem deutschen Recht nahekommende Voraussetzungen der höheren Gewalt fordert, bestehen doch deutliche Unterschiede zum deutschen Recht. Diese mögen u. U. marginal sein, dennoch können sie, beispielsweise in Fällen, in denen es auf die Vorhersehbarkeit oder die Betriebsfremdheit

---

70 Schwenzer Rn. 20.02

71 Kaden RabelsZ 31 (1967), 614

72 so Deschenaux/Tercier S. 64; Keller S. 79; a. A. Schwenzer Rn. 20.02

73 Lesguillons Droit et Pratique du Commerce International 1979, 522

74 Guhl/Koller § 10 Rn. 33

des Ereignisses ankommt, zu einer vom deutschen Recht abweichenden Beurteilung bestimmter Sachverhalte führen.

3 Besondere Ereignisse der höheren Gewalt

3.1 Naturereignisse; kriegerische Auseinandersetzungen

Natur- und Kriegsereignisse werden in der Literatur als klassische Ereignisse höherer Gewalt angesehen. Blitzschlag, Schneesturm, Erdbeben, Krieg u. ä. werden geradezu als Synonyme der höheren Gewalt verstanden.[75] Dieses Selbstverständnis führt häufig zu der pauschalisierenden Feststellung, daß Natur- und Kriegsereignisse stets höhere Gewalt seien, die jedoch verfehlt ist. Jeder Einzelfall ist anhand der Tatbestandsvoraussetzungen der höheren Gewalt zu messen. Bei der konkreten Subsumption zeigt sich dann auch, daß in diesem Bereich lediglich Ausnahmefälle solche der höheren Gewalt sind.

Unproblematisch ist bei Naturereignissen die Feststellung der Betriebsfremdheit, da sie typischerweise von Menschenhand und menschlicher Entscheidung unbeeinflußt sind. Entsprechendes gilt für kriegerische Auseinandersetzungen, da der Schuldner sie in der Regel weder auslöst noch auf sie Einfluß nehmen kann. Allerdings scheiden sich die Wege schnell bei Prüfung der Unvermeidbarkeit und Unvorhersehbarkeit.

Naturgewalten und Kriegsereignisse selbst sind als vom Menschen bzw. zumindest vom Schuldner unbeeinflußbar nicht vermeidbar. Zu prüfen ist hier, ob die Einwirkung des Ereignisses auf die Leistungspflicht des Schuldners abwendbar ist, etwa durch Anpassung der Durchführung des Vertrages an die veränderten Umstände, wie etwa die Belieferung über einen anderen als den durch Packeis blockierten Seeweg. Sofern ein solches "Ausweichmanöver" für den Schuldner durchführbar ist, sind Naturereignisse und kriegerische Akte nicht unabwendbar.

Auch bei Kriegs- und Naturereignissen ist genau zu prüfen, was für den Schuldner vorhersehbar ist und als außergewöhnlich gilt. Herrscht in einer Region bereits Krieg, muß der Schuldner sich auf potentielle Vertragsstörungen einstellen. Eine Berufung auf höhere Gewalt ist bei späterer Realisie-

---

[75] s. Leonhard, Festschrift für Träger S. 21; Marasinghe S. 527

rung der kriegsbedingten latenten Gefahr nicht mehr möglich.[76] Regelmäßig auftretende Naturereignisse können ebenfalls nicht als unvorhersehbar gelten.

Hinzukommen muß auch hier, daß es sich um ein außergewöhnliches Ereignis handelt. Die Außergewöhnlichkeit wird bei unvermeidbaren und unvorhersehbaren Kriegs- und Naturereignisses nahezu indiziert, da diese bei Vorliegend dieser beiden Kriterien bereits als überaus ungewöhnlich und außerhalb der Lebenserfahrung liegend anzusehen sind.

3.2 Arbeitsrechtliche Vertragsstörungen

Wesentlich bedeutender als Natur- oder Kriegsereignisse sind im bankrechtlichen Bereich arbeitskampfbedingte Vertragsstörungen. Deren Behandlung als höhere Gewalt ist überaus umstritten. Die Meinungen reichen von der völligen Ablehnung als Fall höherer Gewalt[77], bis hin zu differenzierenden Ansätzen, die auf die Art der Beteiligung des Schuldners am Arbeitskampf oder die Art der Arbeitskampfmaßnahme abstellen.[78]

Besonders deutlich wird die kontroverse Diskussion beim Blick ins Ausland. In Frankreich wird der Streik lediglich als ein Leistungserschwerungsrisiko angesehen, was für die Erfüllung des Tatbestands der höheren Gewalt nicht ausreicht.[79] Lediglich in Extremsituationen, wie beispielsweise bei Streik aller Arbeiter und dadurch verursachten Abbruch ganzer Versorgungsströme wird der Streik ausnahmsweise als höhere Gewalt anerkannt.[80] Ebenso wird im schweizerischen Recht eine Anerkennung des Streiks als höhere Gewalt grundsätzlich abgelehnt.[81] Im englischen Recht dominiert auch hier die Annahme der vertraglichen Garantiehaftung. Streiks werden als allgemeines Lebensrisiko angesehen, dessen Eintritt nicht ungewöhnlich ist und für welches es den Parteien obliegt, vertragliche Vorkehrungen im Wege der Vereinbarung von Freizeichnungsklauseln zu treffen. Ohne ent-

---

[76] LG Karlsruhe WM 1993, 1568; OLG Düsseldorf NJW-RR 1990, 573

[77] Hohn DB 1965, 504; Schmid NJW 1979, 18

[78] vgl. Löwisch AcP 174 (1974), 202 ff.; Mayer-Maly/Nipperdey S. 37 ff.; von Beringe DB 1963, 757 ff.

[79] von Beringe DB 1963, 757; Hohn DB 1965, 506; Spaeth S. 127 f.; Caytas S. 287

[80] von Beringe DB 1963, 757

[81] Deschenaux/Tercier S. 65

sprechende Freizeichnung muß der Schuldner für die versprochene Leistung haften.[82] In Spanien und in lateinamerikanischen Staaten kommt es wesentlich auf die Umstände des Einzelfalles an. Lediglich der Generalstreik, insbesondere der politisch motivierte, wird unbestritten als höhere Gewalt angesehen.[83]

Besondere Schwierigkeiten bereitet im deutschen Recht, daß der Schuldner in verschiedenartiger Weise von einem Arbeitskampf betroffen sein kann, etwa als im eigenen Betrieb aussperrender Arbeitgeber, wobei es sich sowohl um eine Angriffs- als auch um eine Abwehraussperrung handeln kann, als rechtmäßig oder unrechtmäßig bestreikter Arbeitgeber, oder auch nur als von den Fernwirkungen eines Streiks im Drittbetrieb Betroffener.

Aufgrund dieser Vielzahl von Möglichkeiten der arbeitsrechtlichen Vertragsstörung ist eine pauschalisierende Betrachtung schon im Ansatz verfehlt. Für die Untersuchung, ob Arbeitskampfmaßnahmen als höhere Gewalt anzusehen sind, kommt es wie bei jeder Ursache einer Vertragsstörung auf die Subsumption des störenden Ereignisses unter die Tatbestandsmerkmale der höheren Gewalt an.

3.2.1 Unvorhersehbarkeit

War ein Streik, der die Erfüllung vertraglicher Verpflichtungen für den Schuldner unmöglich macht, für ihn bei Eingehung der Verpflichtung voraussehbar, scheidet höhere Gewalt, ohne daß eine weitere Prüfung notwendig wäre, aus. Dem Schuldner ist in einem solchen Fall der Vorwurf des Übernahme- bzw. Vorsorgeverschuldens zu machen.[84]

Die Vorhersehbarkeit des Arbeitskampfes für den Schuldner ist an den oben[85] dargestellten Maßstäben zu messen. Besonderheiten ergeben sich nicht aus dem Umstand, daß es sich um arbeitsrechtliche Kampfmaßnahmen handelt. Für diese gilt insbesondere nicht, daß der Schuldner sie stets vorherzusehen hat. Der Schuldner muß auch bei Eingehung von Lieferverpflichtungen nicht stets prüfen, ob die Vertragserfüllung in den Zeitraum des Auslau-

---

[82] Gesang S. 99; von Beringe DB 1963, 758; Hohn DB 1965, 506

[83] von Beringe DM 1963, 758

[84] Löwisch AcP 174 (1974), 240; ders. BB 1974, 1496; Richardi JuS 1984, 827 f.; Hohn DB 1965, 502

[85] vgl. oben Abschnitt 1.5.1

fens von Tarifverträgen fällt. Eine solche Verpflichtung anzunehmen, würde besonders hohe Anforderungen an die Sorgfaltspflichten des Schuldners stellen und wäre schlicht überspannt[86], insbesondere da sich aus der Arbeitskampfsensibilität der Periode nicht zwangsläufig ein die gegenüber Dritten bestehende Verpflichtung des Schuldners treffendes Arbeitskampfrisiko ergibt.

Daß Arbeitskämpfe zum Wirtschaftsleben gehören und je nach Branche in wiederkehrenden Abständen auftreten, bedeutet nicht, daß sie stets vorhersehbar i. S. der höheren Gewalt sind. Für die Wahrscheinlichkeitsprognose des Schuldners kommt es hier nur darauf an, ob die Durchführung der vertraglichen Verpflichtung durch Arbeitskampfmaßnahmen gefährdet ist.[87] Die Häufigkeit ihres Auftretens ist keine Frage der Vorhersehbarkeit, sondern der Außergewöhnlichkeit und deshalb dort zu berücksichtigen.

3.2.2 Unabwendbarkeit

Der von einem Arbeitskampf betroffene Schuldner darf sich nicht auf höhere Gewalt berufen, wenn er die Auswirkungen des Arbeitskampfes kompensieren und trotz Arbeitskampfes den mit einem Dritten geschlossenen Vertrag erfüllen kann.[88] In diesem Fall stellt der Arbeitskampf kein unabwendbares Ereignis dar. Als Abwehrmaßnahmen für die Folgen von Arbeitskämpfen auf privatrechtliche Verpflichtungen kommen u. a. an den Arbeitskampf angepaßte Lagerhaltung, Einstellung von Ersatzarbeitskräften oder bei Drittbetroffenheit des Schuldners die Versorgung durch nicht von Arbeitskämpfen betroffene Zulieferbetriebe in Betracht.

Wieviel der Schuldner unternehmen muß, um die Folgen des Arbeitskampfes auf die Erfüllung von Vertragsverhältnissen abzuwenden, ist eine Frage der Zumutbarkeit und anhand der oben genannten Kriterien[89] zu bestimmen. Dabei gilt auch hier uneingeschränkt, daß Abwehrmaßnahmen nur dann vorgenommen werden müssen, wenn sie überhaupt geeignet sind, die nachteiligen Folgen des Arbeitskampfes zu beseitigen bzw. abzuwenden. Je nach Umfang des Arbeitskampfes können die Handlungsalternativen des

---

86 Löwisch BB 1974, 1496

87 Richardi JuS 1984, 828

88 Hohn DB 1965, 503

89 s. oben Abschnitt 1.5.2

Schuldners eingeschränkt bis zu nicht vorhanden sein, wie etwa im Fall, daß eine ganze Zulieferbranche vom Streik betroffen ist.

Untauglich für die Prüfung der Abwendbarkeit ist, daß sich der Schuldner für die Folgen eines Arbeitskampfes seinem Vertragspartner gegenüber hätte vertraglich freizeichnen können.[90] Diese Annahme geht von einer unbedingten Einstandspflicht, d. h. einer Garantiehaftung des Schuldners ähnlich der des englischen Rechts aus. Eine solche Einstandspflicht ist dem deutschen Recht jedoch fremd.

3.2.3 Betriebsfremdheit

Ist der Schuldner lediglich durch die Fernwirkungen von Arbeitskämpfen in anderen Betrieben betroffen, besteht augenscheinlich kein betrieblicher Zusammenhang zwischen Arbeitskampf und der Störung von Verträgen des Schuldners mit Dritten. Fernwirkungen von Arbeitskämpfen werden aus diesem Grund von der Literatur auch nicht weiter unter dem Gesichtspunkt der höheren Gewalt problematisiert.

Für die Beurteilung von Arbeitskampfmaßnahmen, die im Betrieb des Schuldners stattfinden, erscheint die Erfüllung des Merkmals der Betriebsfremdheit des Ereignisses problematisch. Besonders deutlich wird in diesem Zusammenhang, daß es bei der Betriebsfremdheit i. S. der höheren Gewalt nicht auf den räumlichen Zusammenhang zwischen Ort der Leistungsstörung und Geschäftsbetrieb des Schuldners ankommt. So verstanden wäre die Betriebsfremdheit ein untaugliches Abgrenzungskriterium, da Streik und Aussperrung - sofern nicht ein Fall der Fernwirkung von Arbeitskampfmaßnahmen vorliegt - sich typischer- und notwendigerweise im Betrieb des Schuldners abspielen.[91] Dennoch können sie grundsätzlich Ereignisse höherer Gewalt darstellen.

Für ihre Zurechenbarkeit zur Betriebssphäre des Schuldners wird vielfach nach der Art seiner Beteiligung am Arbeitskampf differenziert. Zum Teil stellt die Literatur aber auch auf den Charakter der Arbeitskampfmaßnahme ab.

---

90 so Löwisch DB 1962, 762, der aus der Unterlassung der Vereinbarung einer entsprechenden Freizeichnungsklausel ein Übernahmeverschulden des Schuldners herleitet; dagegen Lauschke DB 1966, 141

91 vgl. Schmid NJW 1979, 18, der aufgrund der räumlichen Beziehung höhere Gewalt ablehnt

3.2.3.1 Abgrenzung nach Art der Beteiligung am Arbeitskampf

Vornehmliches Kriterium ist nach dieser Ansicht, ob der Schuldner aktiv oder passiv am Arbeitskampf beteiligt ist. Fernwirkungen von Arbeitskämpfen im Drittbetrieb und Streik im schuldnereigenen Betrieb sind aufgrund der passiven Beteiligung des Schuldners als betriebsfremd anzusehen. Die Aussperrung hingegen, wird als vom Schuldner willentlich veranlaßtes Kampfmittel als aktiver Beitrag und damit betriebszugehöriges Ereignis angesehen[92] mit der Folge, daß Aussperrungen des Schuldners für diesen nie höhere Gewalt sein können.

Die Schwäche dieser Auffassung zeigt sich bereits bei der Behandlung der Aussperrung. Der Beitrag des Schuldners an der Verursachung der Vertragsstörung durch die von ihm angeordnete Aussperrung läßt sich kaum verneinen, da ein Willensakt des Schuldners zur Entstehung des störenden Ereignisses beigetragen hat. Allerdings bedeutet die generelle Ausnahme der Aussperrung aus dem Bereich der höheren Gewalt, daß der Schuldner u. U. ein arbeitsrechtlich zulässiges Kampfmittel einsetzt, das ihn allerdings kaufmännisch belastet, da er gegenüber Dritten weiter verpflichtet bleibt.

Deren arbeitsrechtliche Zulässigkeit aufgrund Kampfparität wird so wirtschaftlich entwertet. Auch wenn im Verhältnis zwischen Arbeitgeber und Arbeitnehmer die wechselseitigen Verpflichtungen beim rechtmäßigen Arbeitskampf suspendiert sind und hier durch die Möglichkeit des Arbeitgebers, Arbeitnehmer zulässigerweise auszusperren, Waffengleichheit herrscht, so trägt der Arbeitgeber aufgrund seiner Verpflichtungen gegenüber Dritten eine zusätzliche Belastung. Wenn diese von der arbeitsrechtlichen Zulässigkeit unberührt bleibt, wäre das Kräfteverhältnis zwischen Arbeitnehmer und Arbeitgeber gestört. Der Arbeitgeber könnte nie eine Aussperrung anordnen, ohne sich weiter Dritten gegenüber in der Pflicht zu wissen.

Außerdem muß die Abgrenzung nach aktiver oder passiver Beteiligung des Arbeitgebers konsequenterweise auch dann eine Zurechenbarkeit bejahen, wenn ein Streik als ultima ratio das Ergebnis des Scheiterns von Tarifverhandlungen aufgrund Unnachgiebigkeit der Arbeitgeberseite ist. Als Auslöser wäre eine Handlung bzw. ein Unterlassen des Arbeitgebers zu sehen, so daß auch hier eine aktive Teilnahme am Arbeitskampf qua äquivalenter Verursachung anzunehmen wäre. Ein solche äquivalente Kausalität würde

---

92 Bulla DB 1963, 755; Lauschke DB 1966, 141

aber weder der arbeitsrechtlichen Beurteilung des Streiks noch der Abgrenzung von betriebsfremden und betriebszugehörigen Ereignissen gerecht.[93]

Die Weigerung des Arbeitgebers, auf die Forderungen der Arbeitnehmer einzugehen, ist nahezu immer Auslöser des Streiks, so daß der Arbeitgeber stets aktiv zum Streik betragen würde. Für den Arbeitgeber würde dieses Verständnis von aktiver Beteiligung am Streik eine Einschränkung seines Verhandlungspotentials bedeuten. Er müßte immer die wirtschaftlichen Folgen gescheiterter Tarifverhandlungen tragen, da er an geschlossene Verträge mit Dritten gebunden bleibt.

Die Abgrenzung anhand aktiver und passiver Beteiligung am Arbeitskampf führt in letzter Konsequenz immer zu einer Zurechenbarkeit des Arbeitskampfes zur Betriebssphäre des Schuldners. Der Arbeitskampf wird hier nur als ein tatsächlicher Geschehensablauf, ohne Erfassung seiner rechtlichen Bedeutung, angesehen. Hiermit kann aber keine sinnvolle Abgrenzung vorgenommen werden, da es sich bei der Frage, ob Arbeitskampfmaßnahmen höhere Gewalt sind oder nicht, um eine juristische Fragestellung handelt, bei der auch der rechtlichen Bedeutung der Kampfmaßnahme Rechnung getragen werden muß.

3.2.3.2 Abgrenzung anhand der Rechtmäßigkeit des Arbeitskampfes

Diese Auffassung, die eine Abgrenzung anhand der Rechtmäßigkeit des Arbeitskampfes vornimmt, basiert auf der Annahme, daß die arbeitsrechtliche Beurteilung von Arbeitskampfmaßnahmen als rechtmäßig, sich auch auf zivilrechtliche Verpflichtungen des Arbeitgebers auswirken muß. Die arbeits- und zivilrechtlichen Folgen von Arbeitskämpfen können nicht isoliert nebeneinander stehen, da dies dazu führt, daß die Arbeitskampfparität zu Lasten des Arbeitgebers verschoben würde. Einerseits sind im Arbeitsverhältnis die wechselseitigen Verpflichtungen suspendiert, andererseits bleibt der Arbeitgeber aber an vertragliche Verpflichtungen gegenüber Dritten gebunden, die er bei Führung eines Arbeitskampfes nicht erfüllen kann.

In Anbetracht dessen wird dem Arbeitgeber Verhandlungspotential genommen und auch die Entscheidung, zulässigerweise Konflikte im Wege des Arbeitskampfes auszutragen, erschwert.[94] Das Kräftegleichgewicht wäre bei

---

93 Löwisch BB 1974, 1495

94 Müller DB 1981 Beilage Nr. 7 S. 5

Fortbestehen der zivilrechtlichen Verantwortlichkeit des Arbeitgebers gestört. Dem kann auch nicht entgegengehalten werden, daß die Entscheidung des Arbeitgebers zum Arbeitskampf eine kaufmännische Entscheidung ist,[95] denn mit Kampfparität muß für den Arbeitgeber auch wirtschaftliche Parität gemeint sein.

Aus Gründen der Chancengleichheit muß die arbeitsrechtliche Rechtfertigung auch auf das Zivilrecht durchschlagen, so daß der Schuldner nicht für arbeitsrechtlich Erlaubtes vertragsrechtlich einstehen muß.[96] Aussperrungen des Arbeitgebers können deshalb immer dann als ihm nicht zurechenbare Maßnahmen anzusehen sein, wenn sie gerechtfertigt sind, auch wenn es sich um eine Abwehraussperrung handelt. Keinen Anspruch auf Parität kann der Tarifvertragspartner für sich geltend machen, der den Arbeitskampf mit unzulässigen Mitteln führt. Die rechtswidrige Aussperrung stellt deshalb stets einen dem Schuldner zuzurechnenden Akt dar.[97]

Bei der Beurteilung des Streiks als höhere Gewalt darf letztendlich deren Sinn nicht außer acht gelassen werden, eine angemessene Risikoverteilung zu schaffen. Bei rechtswidrigem Streik hat der Arbeitgeber Schadensersatzansprüche gegen die streikenden Arbeitnehmer und u. U. Gewerkschaften, die zum Streik aufgerufen haben. Die Beteiligung des Vertragspartners am Arbeitskampfrisiko des Schuldners ist bei Annahme eines Falles höherer Gewalt nur dann gerechtfertigt, wenn der Schuldner billigerweise die Folgen von Eingriffen in bestehende Verträge nicht tragen soll. Dies ist dann nicht angemessen, wenn der Schuldner Regreß bei Dritten nehmen kann. Daß diese insbesondere im Fall von Arbeitnehmern u. U. nicht möglich ist, weil diese vermögenslos sind, ist ein rein kaufmännisches Risiko. Die Uneinbringlichkeit der Schadensersatzforderung des Arbeitgebers ist aber nicht das Risiko, das es im Rahmen der höheren Gewalt zu verteilen gilt. Der unrechtmäßige Streik ist somit nicht als höhere Gewalt anzusehen.

Der Streik der Arbeitnehmer des Schuldners ist ein von außen auf den Geschäftsbetrieb des Schuldners einwirkendes Ereignis. Der Schuldner hat in diesem Zusammenhang nicht für die Handlungen seiner Arbeitnehmer gem. § 278 BGB einzustehen, da er sich hier seiner Arbeitnehmer gerade nicht für die Erfüllung seiner zivilrechtlichen Verpflichtung bedient.[98]

---

95 so Hohn DB 1965, 503; dagegen Müller DB 1981 Beilage Nr. 7 S. 5

96 Löwisch BB 1974, 1498

97 Hohn DB 1965, 503; Löwisch BB 1974, 1499

98 Esser JZ 1963, 492; Lauschke DB 1966, 141; a. A. Hohn DB 1965, 505

3.2.4 Außergewöhnlichkeit

Die besondere Bedeutung des Merkmals der Außergewöhnlichkeit zeigt sich auch bei Arbeitskampfmaßnahmen. Sie gehören mit zum Wirtschaftsleben und treten häufig, wenn nicht sogar mit Regelmäßigkeit auf. Aus diesem Grund ist die Literatur gehemmt, sie als höhere Gewalt anzuerkennen. Hier zeigt sich aber der Sinn der Außergewöhnlichkeit als notwendiges Korrektiv. Je nach Branche ist der Arbeitskampf nicht ungewöhnlich oder der Lebenserfahrung fern. Er ist deshalb nicht außergewöhnlich i. S. der höheren Gewalt. Arbeitskampfmaßnahmen sind nur dann außergewöhnlich, wenn sie von besonderer Intensität und unerwartetem, atypischem Ausmaß sind oder in der speziellen Situation des Schuldners völlig außerhalb der Lebenserfahrung liegen.

3.2.5 Ergebnis

Bei Arbeitskämpfen sind für die Subsumption unter den Begriff der höheren Gewalt keine anderen als deren allgemeine Anforderungen zu stellen. Insbesondere gilt hier kein anderer Maßstab für ihre Vorhersehbarkeit. Allerdings müssen sie sich besonders intensiv auswirken oder von atypischer Gestalt sein, um als außergewöhnlich angesehen werden zu können. Der Ort ihrer Entstehung und Durchführung schadet nicht, um sie als betriebsfremd einzuordnen. Die Abgrenzung zwischen betriebszugehörig und betriebsfremd erfolgt anhand ihrer arbeitsrechtlichen Rechtmäßigkeit. Rechtswidrige Arbeitskampfmaßnahmen sind nicht als höhere Gewalt anzusehen.

3.3 Hoheitsakte

Eine weitere Situation, die Bedeutung als höhere Gewalt im bankrechtlichen Bereich haben kann, wenn nicht sogar der klassische Fall der Vereitelung der Erfüllung bankrechtlicher Verbindlichkeiten, ist deren Störung durch staatliche Maßnahmen.

Als staatliche Akte, die die Durchführung von geschlossenen Verträgen vereiteln, kommen sowohl Gesetzgebungsakte als auch Verwaltungsmaßnahmen in Betracht. Ihre Qualifikation als höhere Gewalt ist – wie üblich - anhand der allgemeiner Tatbestandsmerkmale[99] zu beurteilen. Ist die die Durchführung eines Vertrages verbietende Hoheitsmaßnahme unvorhersehbar, nicht mit zumutbaren Mitteln abwendbar, ihr Erlaß vom Schuldner un-

---

[99] s. oben Abschnitt 1.5

beeinflußt und hat die Maßnahme Ausnahmecharakter, ist sie für das Vertragsverhältnis als Akt höherer Gewalt anzusehen mit der Folge, daß die Parteien von ihren wechselseitigen Leistungspflichten ersatzlos frei werden.[100]

Typische Fälle von die Erfüllung von Vertragsverhältnissen vereitelnden Maßnahmen sind z. B. Embargogesetze oder Außenhandelsbeschränkungen, die nach Abschluß des Vertrags erlassen werden. Als Beispielsfälle aus jüngerer Zeit sind hier der amerikanische Cuban Liberty and Democratic Solidarity (LIBERTAD) Act (sog. Helms-Burton-Act) oder der ebenfalls amerikanische Iran and Libya Sanctions Act (D'Amato Act), die beide in 1996 in Kraft getreten sind, zu nennen. Gleiche Wirkungen haben auch Rechtsakte internationaler Natur, wie z. B. die Sanktionen der Vereinten Nationen gegen den Irak umsetzende Gesetzgebung[101].

Haben die Parteien beispielsweise einen Liefervertrag geschlossen und ist zugunsten des kubanischen Verkäufers ein Akkreditiv durch eine amerikanische Bank eröffnet worden, das nach dem 1. August 1996, dem Tag des Inkrafttreten des Helms-Burton-Act, zahlbar war, könnte die amerikanische Bank sich bei Verweigerung der Honorierung des Akkreditivs erfolgreich darauf berufen, daß der Erlaß des Helms-Burton-Act ein Ereignis höherer Gewalt darstellt und sie somit ersatzlos von ihrer Verpflichtung aus dem Akkreditiv frei wird - vorausgesetzt natürlich, daß bei Eröffnung des Akkreditivs der Erlaß der Sanktionsgesetzgebung gegen Kuba überhaupt noch als unvorhersehbares Ereignis angesehen werden kann, was angesichts der langen Gesetzgebungsdiskussion zum Helms-Burton-Act wohl nicht die Regel sein wird.[102]

Aber auch in der Vergangenheit haben die Auswirkungen von Gesetzgebungs- und Verwaltungsakten auf vor deren Erlaß geschlossene Verträge die Rechtsprechung und Literatur mehrfach beschäftigt. Die gerichtlich und schiedsgerichtlich entschiedenen Fälle betrafen vorwiegend Embargo- und Wirtschaftsanktionsgesetzgebung gegen bestimmte Staaten. Zu nennen sind in diesem Zusammenhang die - vielfach und kontrovers diskutierten - Ent-

---

[100] Henze S. 19

[101] VO (EWG) Nr. 2340/90; Resolution Nr. 660 vom 2. August 1990 und Resolution Nr. 661 vom 6. August 1990 des Sicherheitsrates der Vereinten Nationen

[102] Bereits Mitte 1995 wurde die kubanische Sanktionsgesetzgebung im US Congress unter Vorlage erster Gesetzesentwürfe diskutiert; zum Merkmal der Unvorhersehbarkeit bei Hoheitsakten im einzelnen s. unten Abschnitt 3.3.1

scheidungen in Sachen *Jordan Investments Ltd. ./. Sovieteksport import combine Sojusnefteksport*[103] und *Czarnikow Ltd. ./. Centrala Handlu Zagranicznego Rolimpex*[104] oder auch betreffend die Feststellung der Identität zwischen Staat und Dritten die Vielzahl der Entscheidungen, die im Zusammenhang mit der Aufrechnung von Forderungen gegen Gesellschaften des Dritten Reichs[105] ergangen sind.

Staatliche Akte sind für die Beurteilung, ob sie als höhere Gewalt anzusehen sind, grundsätzlich nicht anders zu behandeln als andere das Vertragsverhältnis störende Ereignisse außerhalb der Sphäre der Vertragsparteien.[106] Daß die Durchführung des Vertrages, wie bei den typischen Ereignissen höherer Gewalt, etwa bei Wetter- oder Naturphänomen, nicht faktisch, sondern rechtlich unmöglich wird und ihre Ursache nicht in einem menschlich völlig unbeeinflußbaren Raum liegt, rechtfertigt im Grundsatz keine andere Behandlung. Allerdings bedingen gerade diese Besonderheiten eine detailliertere Betrachtung, wie die Untersuchung der einzelnen Tatbestandsmerkmale der höheren Gewalt zeigt.

3.3.1 Unvorhersehbarkeit

Die staatliche Maßnahme ist nur dann für die Parteien unvorhersehbar, wenn ihr Eintritt von den Parteien nicht für möglich gehalten wird. Dabei kommt es hier nicht darauf an, ob die Parteien die Rechtslage richtig beurteilt haben. Fehleinschätzungen der Rechtslage sind regelmäßig von den Parteien zu vertreten.[107] Vielmehr ist entscheidend, daß die Parteien davon ausgehen, daß die Durchführung des geschlossenen Rechtsverhältnisses nicht von nachfolgend erlassenen hoheitlichen Akten gestört wird.

Vor Vertragsschluß schwebende Gesetzgebungs- oder Verwaltungsverfahren, die das Vertragsverhältnis beeinflussen können, schließen bei späterem Erlaß des entsprechenden Eingriffsaktes die Berufung der Parteien auf höhere Gewalt regelmäßig aus, da die bloße Hoffnung oder Erwartung der Par-

---

103 Schiedskommission der Außenhandelskammer der UdSSR, RabelsZ 24 (1959), 540

104 Court of Appeals, Lloyd's Law Report 1977 II, 201 ff.; House of Lords, Lloyd's Law Report 1978 II, 305 ff.

105 u. a. BGHZ 3, 316; BGHZ 10, 205; BGH BB 1952, 994; BGHZ 15, 27

106 vgl. Bittner RIW 1994, 462; Nolting RIW 1988, 512; Khadjavi-Gontard/Hausmann RIW/AWD 1980, 534

107 vgl. MüKo/BGB-Thode § 285 Rn. 8 ff.; Palandt/Heinrichs § 285 Rn. 4

teien, die sich bei Vertragsschluß noch nicht konkretisierte Maßnahme werde sich nicht oder nicht rechtzeitig realisieren, nicht gleichbedeutend mit ihrer Unvorhersehbarkeit ist.

Vielmehr haben die Parteien hier die Möglichkeit, sich mit dem Risiko auseinanderzusetzen und Regelungen für den Fall seiner Realisierung, wie z. B. die Vereinbarung von Rücktrittsrechten, Bedingungen und Aufwendungsersatzregelungen, zu treffen. Hier schwebt bereits ein Risiko über dem Vertragsschluß, das die Parteien bei vorbehaltlosem Abschluß mit in Kauf nehmen.[108] Die spätere Realisierung des Risikos ist dann nur noch eine Frage des Vertretenmüssens im Rahmen von Sekundäransprüchen und keine der höheren Gewalt.

3.3.2 Unabwendbarkeit

Auch hier gilt, daß der gesetzgeberische oder Verwaltungsakt nur dann unvermeidbar ist, wenn er mit größter Sorgfalt auch unter Anwendung aller zumutbaren Mittel nicht abgewendet werden kann. Aufgrund der staatlichen Übermacht gegenüber der Privatpartei ist der Erlaß hoheitlicher Akte stets unvermeidbar; allerdings ist hier zu untersuchen, ob der Schuldner nicht gegen ihn auf dem Rechtswege vorgehen kann.

Grundsätzlich haben die Parteien alle ihnen zur Verfügung stehenden Rechtsmittel geltend zu machen.[109] Erst wenn es ihnen trotz Ausschöpfung des Rechtsweges nicht gelingt, erfolgreich gegen den Hoheitsakt vorzugehen, ist dieser als unvermeidbar anzusehen. Dieser Grundsatz gilt jedoch nur eingeschränkt. Zum einen kann er für sich nur dort Geltung beanspruchen, wo die Parteien eine realistische Möglichkeit haben, den staatlichen Akt anzugreifen. Sind die Erfolgsaussichten für die Einlegung von Rechtsmitteln gering, ist es den Parteien kaum zuzumuten, erst den Rechtsweg zu beschreiten, bevor sie sich darauf berufen dürfen, daß ein unvermeidbarer Eingriff in den Vertrag vorliegt.

Zum anderen ergibt sich eine Einschränkung hinsichtlich der zumutbaren Abwendung des Eingriffs aus dem Rechtsverhältnis selbst. Es kann von den

---

108 Khadjavi-Gontard/Hausmann RIW/AWD 1980, 539; LG Karlsruhe WM 1993, 1568 zur Vertragsanbahnung mit Parteien in Krisengebieten; ebenso Driscoll Virginia Journal of International Law 20 (1980), 491 zur Ablehnung von gerichtlichen Eilmaßnahmen

109 Böckstiegel NJW 1975, 1581; Khadjavi-Gontard/Hausmann RIW/AWD 1980, 539; Berman RabelsZ 24 (1959), 454

Parteien kaum verlangt werden, den Rechtsweg auszuschöpfen, um nach möglicherweise Jahren gegen den Hoheitsakt zu obsiegen, wenn dies in keinem wirtschaftlichen Verhältnis zu dem angestrebten vertraglichen Erfolg steht, zu diesem Zeitpunkt die Durchführung des Vertragsverhältnis wirtschaftlich sinnlos oder für die Parteien aus anderen Gründen nicht mehr interessant ist.

Im übrigen gilt der Grundsatz der Rechtsmittelausnutzung auch nur dort, wo dies für die Parteien persönlich zumutbar ist. Im Rechtsstaat besteht hieran kein Zweifel. Etwas anderes gilt aber in Staaten, die keine zuverlässige Durchsetzung von Rechtsmitteln gewährleisten oder wo für die Einlegung von Rechtsmitteln gegen staatliche Akte Nachteile drohen. In solchen Staaten ist die Grenze der Zumutbarkeit um so geringer je größer das persönliche Risiko der Parteien bei der Einlegung von Rechtsmitteln und je kleiner die Aussichten auf eine echte, erfolgversprechende Überprüfung der Maßnahme sind.

3.3.3 Hoheitsakt als von außen kommendes Ereignis

Im Vertragsverhältnis zwischen Privaten, d. h. nicht staatlichen Vertragsparteien ist der Erlaß von hoheitlichen Akten kraft des Subordinationsverhältnis von Staat und Privatpartei als von außen auf das Rechtsverhältnis einwirkendes Ereignis von den Parteien nicht beeinflußbar. Die Trennung von privatrechtlich organisierter Vertragspartei und Staat und die in diesem Verhältnis bestehende staatliche Übermacht, entziehen staatliche Akte per se dem Einflußbereich der privaten Vertragspartei.

Dies gilt jedoch dann nicht, wenn eine der Parteien entweder vertraglich oder kraft Gesetz für den Hoheitsakt bzw. dessen Ausbleiben verantwortlich ist, oder dort, wo eine Trennung zwischen Vertragspartei und Staat, die ein entsprechendes Über- und Unterordnungsverhältnis mit staatlicher Übermachtposition begründet, nicht besteht oder durchbrochen ist.

3.3.3.1 Verantwortlichkeit der Parteien für Hoheitsakte

Steht die Wirksamkeit des von den Parteien geschlossenen Vertrages unter dem Vorbehalt einer behördlichen Genehmigung, ist bereits zweifelhaft, ob die Versagung der Genehmigung aufgrund der Kenntnis der Parteien von deren Notwendigkeit einen Akt höherer Gewalt darstellt.[110] Hier ist den Par-

---

[110] Berman RabelsZ 24 (1959), 464; Böckstiegel NJW 1975, 1581; ders. RIW 1984, 7

teien bewußt, daß eine hoheitliche Maßnahme zur Wirksamkeit des Vertrages oder dessen Durchführung eingeholt werden muß und diese u. U. versagt werden kann.

Ist der Vertrag vorbehaltlos abgeschlossen, kann sich die Vertragspartei, in deren Verantwortungsbereich die Einholung der Genehmigung fällt, nicht darauf berufen, bei Versagung der Genehmigung von ihrer Leistungspflicht aufgrund höherer Gewalt frei geworden zu sein. Hier hat sie mit vorbehaltlosem Abschluß des Vertrages das Risiko mitübernommen, daß die erforderliche Genehmigung u. U. nicht erteilt wird.[111] Der Fall des Nichterteilung der Genehmigung stellt deshalb keinen Sachverhalt dar, der die Parteien überraschend trifft, sondern die Realisierung eines - wenn auch nicht ernsthaft in Betracht gezogenen - von einer Partei mitübernommenen Risikos.[112]

Bei Vertragsabschluß bestehende gesetzliche Anforderungen, durch die die Erfüllung der Vertragspflichten erst möglich wird, können nie einen Fall höherer Gewalt darstellen, wenn die Parteien im Laufe der Vertragsabwicklung an ihnen scheitern. Etwas anderes gilt nur dann, wenn sie erst nach Abschluß des Vertrages erlassen werden und ihr Erlaß für die Parteien bei Abschluß des Vertrages nicht vorhersehbar war.

3.3.3.2 Staatliche Vertragspartei

Während die Unkontrollierbarkeit staatlicher Akte bei zwischen privaten Parteien geschlossenen Verträgen aufgrund der Trennung zwischen Staat und Vertragsparteien unproblematisch zu bejahen ist, ist eine differenziertere Betrachtung angezeigt, wenn diese Trennung nicht gegeben ist, mit anderen Worten, wenn der Staat oder staatliche Organisationsformen selbst Partei von privatrechtlichen Verträgen sind.

Ist der Staat Partei eines privatrechtlich geschlossenen Vertrages, ist zweifelhaft, ob seine eigenen hoheitlichen Akte im Bereich der privatrechtlichen Bindung die Berufung auf höhere Gewalt erlauben, denn von einem Akt außerhalb des Einflußbereichs der Partei, die sich auf höhere Gewalt beruft, kann dann nicht mehr gesprochen werden; ganz im Gegenteil, es handelt

---

111 BGH WM 1955, 774; Basedow German Yearbook of International Law 27 (1984), 120; Khadjavi-Gontard/Hausmann RIW/AWD 1980, 538; im Ergebnis Böckstiegel RIW 1984, 7; ders., Festschrift für Luther S. 24

112 Basedow German Yearbook of International Law 27 (1984), 129

sich vielmehr um einen vom staatlichen Vertragspartner kontrollierbaren und sogar von diesem ausgelösten Akt.

Der Staat wird nicht unbedingt als Teil der hoheitlichen Staatsorganisation als Partei privatrechtlicher Verträge auftreten. Fiskalisches Handeln des Staates kann zwar durchaus unmittelbar durch Teile des Staatsapparates ausgeführt werden, so daß der Staat direkt in privatrechtlicher Form vertraglich gebunden wird. Üblich ist jedoch, die staatliche Betätigung in privatrechtlicher Form durch hierfür geschaffene privatrechtlich organisierte Rechtsformen. Insbesondere in sozialistischen Ländern werden bzw. wurden Außenhandelsaktivitäten oder Versorgungsaufgaben auf speziell hierfür in privatrechtlicher Form gegründete Unternehmen übertragen, die diese mit entsprechenden Befugnissen versehen, eigenverantwortlich zu erfüllen haben bzw. hatten. Die Auslagerung hoheitlicher Aufgaben auf Private findet sich aber nicht nur in sozialistischen Staaten, sondern ist auch in der Marktwirtschaft ein verbreitetes Phänomen. Zu denken ist hier beispielsweise an Beliehene oder auch juristische Personen des Privatrechts, die bestimmte, ursprünglich dem Staat selbst zugeordnete Aufgaben wahrnehmen, wie z. B. Verkehrs- oder Versorgungsbetriebe.

Schließen hoheitliche Aufgaben wahrnehmende oder staatlich in irgendeiner Form kontrollierte Unternehmen privatrechtliche Verträge, so müßte bei formaler, das Näheverhältnis nicht berücksichtigender Anwendung der oben dargestellten Grundsätze der höheren Gewalt, gleiches wie für Privatpersonen gelten. Hoheitsakte müßten als von außen kommende Akte behandelt werden und wären bei Erfüllung aller anderen Tatbestandsmerkmale als höhere Gewalt anzusehen.[113]

Allerdings darf trotz der rechtlichen Trennung zwischen Staat und vertragsschließendem Unternehmen deren tatsächliche Verbundenheit nicht übersehen werden. Die enge Verbundenheit zeigen insbesondere die Außenhandelsgesellschaften sozialistischer Staaten, die zwar in privatrechtlicher Rechtsform gegründet sind und damit eine eigene Rechtspersönlichkeit besitzen, deren Vermögen jedoch im Eigentum des Staates steht und deren Einkünfte als solche des Staates behandelt werden. Sie nehmen die ihnen übertragenen Aufgaben zwar eigenverantwortlich jedoch ohne wirtschaftliche Risiken zu tragen und nur im Rahmen der ihnen gesetzten Vorgaben, insbesondere der staatlichen Planung wahr.[114] Ein ebenso prägnantes Bei-

---

[113] dies bejaht Okolski S. 28

[114] Berman RabelsZ 24 (1959), 459 f.

spiel sind die Gesellschaften des Dritten Reiches, die aufgrund ihrer Eingebundenheit in den Staatsapparat nicht mehr als "Dienststellen" des Reiches mit wirtschaftlichen Aufgaben darstellten.[115] Daß die "Kulisse der Rechtsform" hier nicht ausschlaggebend sein kann, liegt auf der Hand.[116]

Für die Untersuchung, ob der Vertragspartner sich bei einer hoheitlichen, die Abwicklung des Vertragsverhältnisses störenden Maßnahme auf höhere Gewalt berufen darf, muß deshalb zunächst die Feststellung getroffen werden, ob Staat und private Vertragspartner als identisch anzusehen sind. Die Prüfung der Identität ist jedoch nichts weiter als eine Vorfrage für die Untersuchung, ob der dem Staat nahestehenden Vertragspartner sich bei Eingriffen des Staates auf höhere Gewalt berufen darf oder nicht. Die Bejahung der Identität impliziert weder eine generelle Versagung von Rechten, die private Parteien für sich in Anspruch nehmen können noch eine allgemeine Mißachtung der gewählten Trennung zwischen Staat und Vertragspartner.[117]

3.3.3.2.1 Identifizierung des staatlichen Vertragspartners

Die Identifizierung des Staates als Vertragspartner bereitet dort keine Schwierigkeiten, wo der Staat als Behörde, Körperschaft oder in anderer öffentlich-rechtlicher Gestalt als Vertragspartner auftritt. Schwierigkeiten entstehen dann, wenn nach außen eine privatrechtliche Organisationsform auftritt, etwa eine juristische Person des Privatrechts, deren Alleingesellschafter der Staat ist.

Unabhängig davon, wie das Verhältnis zwischen Staat und Vertragspartei juristisch ausgestaltet ist, kann die rechtliche Trennung zwischen Staat und Vertragspartei nicht dazu führen, daß ein tatsächlich bestehendes Näheverhältnis für die Beurteilung der Vertragspflichten einerseits und dem Einfluß hoheitlicher Eingriffe andererseits gänzlich ohne Wertung bleibt. Dies muß um so mehr gelten, als es sich bei der Trennung von Staat und Unternehmen um eine formale, vom Staat selbst geschaffene handelt. Anderenfalls hätte

---

115 BGHZ 10, 208; Serick, Rechtsform und Realität S. 8; Breithaupt JR 1952, 196

116 Nolting RIW 1988, 515; ähnlich Serick, Rechtsform und Realität S. 8: Mißachtung der "juristischen Konstruktion"; Mann RIW 1987, 186; Böckstiegel, Der Durchgriff auf den Staat S. 7; ders., Festschrift für Luther S. 28; Khadjavi-Gontard/Hausmann RIW/AWD 1980, 534; Seidl-Hohenveldern ROW 1966, 7; Zahn, Festschrift für Pleyer S. 167

117 Böckstiegel, Festschrift für Seidl-Hohenveldern S. 19; ders. Der Staat als Vertragspartner S. 26

dies zur Folge, daß der Vertragspartner trotz seiner Verbindung zum Staat Privilegien der unabhängigen Partei, wie die der Geltendmachung der höheren Gewalt, für sich in Anspruch nehmen darf. Dies liefe darauf hinaus, daß der Staat sich der privaten Rechtsform zur Eingehung privatrechtlicher Verpflichtung bedienen, diese aber durch Hoheitsakt nach seinem Belieben ohne nachteilige Folgen für die ihm nahestehende Partei zunichte machen könnte.[118] Manipulationsmöglichkeiten sind unschwer zu erkennen.

Allerdings dürfen hieraus keine pauschalisierenden Feststellungen abgeleitet werden. Einerseits kann allein die formelle Trennung zwischen Staat und vorgeschaltetem Rechtssubjekt nicht zu einer vollständigen Negierung ihrer tatsächlichen Verbindung führen, andererseits darf allein das bestehende Näheverhältnis nicht zu einer generellen Mißachtung der gewählten rechtlichen Strukturen führen, da dies die rechtlich zulässigen Betätigungsmöglichkeiten des Staates einschränkt.[119] Die Versagung der eigenen rechtlichen Identität und die Gleichstellung mit dem Staat wäre eine Diskriminierung dieser Unternehmen gegenüber anderen Parteien des Wirtschaftslebens[120] und nähme dem Staat die Möglichkeit, sich in gleicher Weise wie jedes andere Rechtssubjekt am Wirtschaftsleben zu beteiligen. Da die Gründung von juristischen Personen des Privatrechts durch den Staat und die Auslagerung hoheitlicher Aufgaben auf Private rechtlich zulässig ist, muß dies im Rechtsverkehr auch entsprechend anerkannt werden.

Es stellt sich damit die Frage, wann eine Versagung der rechtlichen Eigenständigkeit und eine Einheit mit dem Staat anzunehmen ist. Die Untersuchung anhand formaler Kriterien hilft hier nicht weiter.[121] Es muß deshalb nach anderen, materiellen Kriterien gesucht werden.

---

118 Böckstiegel, Der Durchgriff auf den Staat S. 14; ders. NJW 1975, 1580; Sosniak RIW 1984, 107; Jerusalem AWD 1958, 187; Frowein, Festschrift für Flume S. 309; Borchers S. 39; Khadjavi-Gontard/Hausmann RIW/AWD 1980, 534; Nolting RIW 1988, 513; Berman RabelsZ 24 (1959), 466

119 Mann RIW 1987, 188; Sosniak RIW 1984, 107; Khadjavi-Gontard/Hausmann RIW/AWD 1980, 533; Nolting RIW 1988, 515; Serick, Rechtsform und Realität S. 25; ders. Durchgriffsprobleme S. 22; BGHZ 20, 11 f.; Schmitthoff JBusL 1978, 220

120 Böckstiegel, Der Staat als Vertragspartner S. 70; ders., Festschrift für Seidl-Hohenveldern S. 27; Nolting RIW 1988, 515

121 Böckstiegel NJW 1975, 1580; Khadjavi-Gontard/Hausmann RIW/AWD 1980, 540; Serick, Rechtsform und Realität S. 50; Nolting RIW 1988, 514; Mann RIW 1987, 187; an dieser wollen aber vor allem Autoren aus sozialistischen Staaten festhalten: vgl. Okolski S. 28 ff.; Sosniak RIW 1984, 107

Eine Meinung stellt auf eine funktionelle Betrachtung ab.[122] Danach ist der Vertragspartner als mit dem Staat identisch anzusehen, wenn er Aufgaben des Staates wahrnimmt. Hier liegt eine schlichte Verlagerung, ja Auslagerung der staatlichen Tätigkeit vor, die vom Staat gerade mit dieser Absicht initiiert ist und deshalb keine unüberwindbare Trennung zwischen Staat und privatrechtlich organisiertem Vertragspartner begründen kann. Dabei kann es sich bei den von der privatrechtlich organisierten Rechtsperson wahrgenommenen Aufgaben sowohl um originäre oder gekorene Staatsaufgaben handeln. In beiden Fällen ist das privatrechtliche Rechtssubjekt funktionell in den Staat eingebunden. Insbesondere bei der Wahrnehmung von Aufgaben, die nicht per se hoheitliche Aufgaben sind, wird deutlich, daß die Einbindung der privatrechtlichen Person in das Staatsgefüge einen unterschiedlichen Grad der Offensichtlichkeit haben und die Differenzierung schwierig sein kann.

Bei geborenen Staatsaufgaben, also solchen, die nur der Staat aufgrund seiner Hoheitsmacht ausüben kann, kann der Staat sich nie seinen Aufsichtspflichten, Weisungsbefugnissen und ggf. -pflichten entziehen. Die staatliche Einflußnahmemöglichkeiten und -pflichten sind deshalb in diesem Bereich wesentlich größer als z. B. im wirtschaftsverwaltungsrechtlichen Bereich. Allein durch die Delegation geborener staatlicher Aufgaben an private Stellen verlieren diese nie ihren Charakter der Staatlichkeit.[123]

Im Fall von wirtschaftsverwaltungsrechtlichen Maßnahmen kann die Auslagerung durchaus zu einer Trennung von Staat und Unternehmen führen, die auch in funktioneller Hinsicht zu respektieren ist, je nachdem wie stark die Integration des Unternehmens in die staatlichen Aufsichts- und Entscheidungsprozesse ist.[124] Nimmt das Unternehmen die ihm übertragenen Pflichten eigenverantwortlich und weisungsunabhängig wahr und kann eine Einbindung in den hoheitlichen Bereich auch anhand anderer Kriterien nicht festgestellt werden, ist eine Identität zwischen Unternehmen und Staat zu

---

122 Erstmals Böckstiegel, Der Staat als Vertragspartner S. 32; ders. Der Durchgriff auf den Staat S. 44; zust. Khadjavi-Gontard/Hausmann RIW/AWD 1980, 540 f.; Nolting RIW 1988, 513

123 BGHZ 10, 208 f.; Böckstiegel, Der Durchgriff auf den Staat S. 22; ders. Der Staat als Vertragspartner S. 40 f.

124 vgl. Khadjavi-Gontard/Hausmann RIW/AWD 1980, 541; Böckstiegel NJW 1975, 1580; Mann RIW 1987, 192

verneinen. Umgekehrt ist sie dort zu bejahen, wo das Unternehmen nichts weiter als der 'verlängerte Arm des Staates' ist.[125]

Eine Identität zwischen Staat und Unternehmen ist auch dann anzunehmen, wenn die künstlich geschaffene rechtliche Trennung allgemeinen Gesichtspunkten des Gutglaubens- und Vertrauensschutzes widerspricht. Hier gebieten schon die allgemeinen Grundsätze des venire contra factum proprium und der Rechtscheinhaftung eine Mißachtung der vordergründigen Verschiedenheit zwischen Staat und Unternehmen.[126] Am deutlichsten wird dies bei rechtsmißbräuchlicher Ausnutzung der eigens hierfür geschaffenen Strukturen. Aber auch außerhalb von Mißbrauchstatbeständen ist eine Mißachtung der formellen Trennung angezeigt. Nimmt etwa das Unternehmen staatliche Privilegien, wie die der Immunität, für sich in Anspruch, kann es sich in anderen Bereichen nicht darauf berufen, mit dem Staat nicht identisch zu sein.

Gleiches gilt, wenn das Unternehmen das besondere Verhältnis zum Staat selbst aufdeckt und sich unter Verweis darauf besondere Vorteile von seinem Vertragspartner erhofft oder hierdurch ein besonderes Vertrauen bei diesem, etwa in seine Leistungsfähigkeit, zu begründen sucht.[127] Noch deutlicher wird dies, wenn das Unternehmen selbst den Eindruck vermittelt, der Vertragspartner habe nur vordergründig mit einer eigenständigen juristischen Person zu tun. Das Unternehmen muß sich in diesen Fällen aufgrund des geschaffenen Vertrauenstatbestandes als staatlicher Vertragspartner behandeln lassen.

3.3.3.2.2 Ausländischer Staat als Vertragspartner

Die Frage nach der Identität zwischen Vertragspartner und Staat ist grundsätzlich nach dem Recht zu beurteilen, das auf den kontrahierenden Rechtsträger anzuwenden ist, d. h. bei einem ausländischen Vertragspartner auf dessen Heimatrecht.[128] Entsprechend komplexer gestaltet sich die Beurtei-

---

125 Serick, Rechtsform und Realität S. 50

126 Serick, Rechtsform und Realität S 50; ders. Durchgriffsprobleme S. 23; Schmitthoff JBusL 1978, 222 zum Durchgriff bei privatrechtlich kontrollierten Gesellschaften

127 Böckstiegel, Der Durchgriff auf den Staat S. 43; ders. Der Staat als Vertragspartner S. 39; Serick, Rechtsform und Realität S. 51

128 Khadjavi-Gontard/Hausmann RIW/AWD 1980, 533; Seidl-Hohenveldern ROW 1966, 2

lung der Verbindung zwischen Staat und Unternehmen, wenn ein ausländischer Staat indirekt an einem privaten Vertragsverhältnis beteiligt ist. Bereits bei inländischen mit dem Staat in Verbindung stehenden Unternehmen zeigt sich, daß die Möglichkeiten staatlichen Handelns und die Einflußnahme auf Private in vielfacher Weise ausgestaltet sein können. In ausländischen Rechtsordnungen sind die Variationsmöglichkeiten um ein Vielfaches zahlreicher, da jede Rechtsordnung eigene Formen des direkten oder indirekten staatlichen Handelns eröffnet.[129]

Grundsätzlich gilt, daß der Wille des ausländischen Staates, bei der privatrechtlichen Betätigung eine von ihm juristisch isolierte Rechtsform einzusetzen, als Ausfluß der staatlichen Souveränität anzuerkennen ist.[130] Dabei gilt wie oben ausgeführt, daß die rechtliche Trennung von Staat und juristischer Person im Sinne einer Gleichbehandlung mit juristischen Personen ohne staatliche Beteiligung als solche zu respektieren ist. Maßgeblich für die Beachtung der rechtlichen Trennung ist das Recht des ausländischen Staates. Selbst wenn dessen Voraussetzungen für eine formale Trennung der Rechtspersönlichkeit zwischen Gesellschaft und Gesellschafter von denen des deutschen Rechts abweichen oder deutsches Recht unter den gegebenen Umständen keine rechtliche Trennung anerkennen würde, ist dies grundsätzlich irrelevant.[131]

Einflußnahmemöglichkeiten des Staates, Weisungsrechte, Einbindung in den Staatsapparat oder andere Mittel, den staatlichen Willen durchzusetzen, sind im Lichte des ausländischen Rechts zu würdigen. Allein die staatliche Einbindung von privatrechtlich organisierten Gesellschaften, wie etwa Außenhandelsgesellschaften in sozialistischen Staaten, rechtfertigt nicht, diesen die eigene Rechtspersönlichkeit zu versagen, sofern ihr nationales Recht eine solche anerkennt.[132]

Allerdings ist auch hier zu beachten, daß das formelle Element der rechtlichen Trennung zwischen Staat und Unternehmen nicht zu einer völligen Mißachtung des zwischen ihnen bestehenden Näheverhältnisses führen darf

---

[129] Böckstiegel, Der Durchgriff auf den Staat S. 2; ders. NJW 1975, 1580; ders. Der Staat als Vertragspartner S. 25 f.; Seidl-Hohenveldern ROW 1966, 2; Khadjavi-Gontard/Hausmann RIW/AWD 1980, 540

[130] Seidl-Hohenveldern ROW 1966, 1; Mann RIW 1987, 187; Böckstiegel, Der Staat als Vertragspartner S. 56

[131] Nolting RIW 1988, 515; Mann RIW 1987, 189

[132] Nolting RIW 1988, 515; Sosniak RIW 1984, 107; Okolski S. 28

und zwar auch dann nicht, wenn die geltende Rechtsordnung keine alternative Ausgestaltung des Verhältnisses zuläßt[133], wie dies etwa in sozialistischen Staaten der Fall ist. Teilweise wird hier mit Verweis auf völkerrechtliche Gesichtspunkte versucht, die Einheit zwischen Staat und Unternehmen darzutun. Dies hilft jedoch nicht weiter, da das Völkerrecht keine Maßstäbe für die Beurteilung der rechtlichen Selbständigkeit juristischer Personen setzt.[134]

Unterliegt das streitgegenständliche Vertragsverhältnis dem Sitzrecht des mit dem ausländischen Staat verbundenen Unternehmens und erkennt dieses die rechtliche Verselbstständigung des Unternehmens an, ist dieses Ergebnis zu respektieren. Ist das Vertragsstatut aber nicht identisch mit dem Gesellschaftsstatut, ist die Grenze der Beachtung der Souveränität des ausländischen Staates erreicht, wo sie dem inländischen ordre public widerspricht, insbesondere dann, wenn die formale Trennung zwischen Vertragspartner und Staat von letzterem rechtsmißbräuchlich ausgenutzt wird, um sich gegenüber dem privatrechtlichen Vertragspartner Vorteile zu verschaffen. Hier erlaubt der inländische ordre public die rechtliche Trennung zwischen Staat und Vertragspartner unter Anwendung der oben dargestellten Grundsätze zu mißachten.[135]

3.3.3.2.3 Zurechnung des staatlichen Handelns

Ist die Identitätsfrage positiv beantwortet, ist zu untersuchen, ob sich der dem Staat nahestehende Kontrahierende bei Akten des Staates auf höhere Gewalt berufen darf oder ob ihm dies aufgrund seiner Identität mit dem Staat und Zurechnung von dessen Eingriffen mit der Folge, daß der Eingriff kein von außen kommendes, unbeeinflußtes Ereignis ist, versagt ist.

Schließt der Staat, gleichgültig in welcher Rechtsform privatrechtliche Verträge ab, ist er grundsätzlich so zu behandeln, wie sein privatrechtlicher Vertragspartner.[136] Für ihn gelten im Gleichordnungsverhältnis die gleichen privatrechtlichen Rechte und Pflichten wie für Private, insbesondere die Grundsätze der Vertragsbindung und Vertragstreue. Allein die staatlichen Hoheitsbefugnisse können nicht dazu führen, daß sich der Staat den einmal

133 so aber Sosniak RIW 1984, 107; Okolski S. 26

134 Mann RIW 1987, 189

135 Böckstiegel, Der Durchgriff auf den Staat S. 40; Borchers S. 42 f.

136 Zahn ZIP 1984, 1310; Böckstiegel, Der Durchgriff auf den Staat S. 15

durch privatrechtlichen Akt übernommenen Pflichten durch Hoheitsakt wieder einseitig entziehen kann.[137]

Aber genauso wie der Staat im privatrechtlichen Bereich keine hoheitlichen Privilegien für sich in Anspruch nehmen kann, darf er auch keiner Benachteiligung ausgesetzt sein. Verwehrt man dem Staat, gleichgültig in welcher Rechtsform er sich privatrechtlich betätigt, aufgrund seiner besonderen hoheitlichen Stellung, Rechte in Anspruch zu nehmen, auf die sich jede andere Vertragspartei berufen könnte, resultiert dies in einer Schlechterstellung gegenüber jedem anderem privatrechtlich handelnden Rechtssubjekt.[138]

Hier besteht ein Konflikt zwischen der Vermeidung des Mißbrauchs staatlicher Macht zum Nachteil der privaten Partei und der Wahrung des privatrechtlichen Gleichordnungsverhältnisses, in dem beide Parteien die gleichen Risiken tragen und die gleichen Rechte für sich beanspruchen können. Dabei ist zu berücksichtigen, daß die privatrechtliche Betätigung des Staates ihn nicht in seinen hoheitlichen Rechten und insbesondere in der Ausübung seiner öffentlich-rechtlichen Pflichten einschränken darf. Ist ein hoheitlicher Eingriff rechtlich geboten, kann der Staat nicht mit Berücksichtigung seines privatrechtlichen Engagements Abstand von der Wahrung seiner der Allgemeinheit gegenüber bestehenden Verpflichtungen nehmen.[139] Allerdings ist fraglich, wie in diesem Fall die privatrechtliche Verpflichtung zu behandeln ist. Käme man stets zu dem Ergebnis, daß Organe des Staates sich dessen Eingriffsakte zurechnen lassen müssen und sich folglich nicht auf höhere Gewalt berufen können, würde die privatrechtliche Betätigung den Staat einem Konflikt aussetzen, der aus seiner Doppelstellung als mit Eingriffsmacht ausgestatteten Hoheitsträger einerseits und privatrechtlich tätigem Rechtssubjekt andererseits entsteht.[140]

Zur Beurteilung, wann der Staat in seine privatrechtliche Verpflichtung ohne Entschädigungsleistung eingreifen darf, sind verschiedene Lösungen vorgeschlagen worden.

---

[137] Zahn ZIP 1984, 1308; Frowein, Festschrift für Flume S. 309; Catranis RIW/AWD 1982, 25

[138] Böckstiegel RIW 1984, 7

[139] Frowein, Festschrift für Flume S. 301; Catranis RIW/AWD 1982, 23; Mann RIW 1987, 191; Lindemeyer S. 445

[140] Borchers S. 39; Schütze AWD 1971, 391

3.3.3.2.3.1 Motiv und Zielrichtung der Maßnahme

Eine Meinung, die im Zusammenhang mit der Entscheidung in Sachen *Czarnikow/Rolimpex* von dem beteiligten Richter *Lord Denning*[141] entwickelt und auch von *Khadjavi-Gontard/Hausmann*[142] vertreten wird, stellt auf Zielrichtung und Motivation des staatlichen Eingriffs ab. Danach ist entscheidend, ob die das Vertragsverhältnis störende Maßnahme aufgrund von Interessen des Volkes oder eines anderen übergeordneten Allgemeininteresses erlassen worden ist oder nur deshalb, um dem Staat bzw. dem Staatsunternehmen die schadensersatzfreie Beendigung unerwünschter Verträge zu ermöglichen. Im letzteren Fall ist die Maßnahme als diskriminatorischer Akt anzusehen und kann als solche nicht als wirksames Instrument der Vertragsbeendigung anerkannt werden.[143] Die einfachste Feststellung der tatsächlichen Motivation des Staates kann nach dieser Meinung anhand der Frage getroffen werden, ob der Staat die Maßnahme auch dann erlassen hätte, wenn nur staatsfremde Rechtssubjekte an dem Vertragsverhältnis beteiligt wären.

3.3.3.2.3.2 Abgrenzung anhand Beweislastverteilung

Böckstiegel beurteilt die Zulässigkeit der Berufung auf höhere Gewalt bei staatlichen Eingriffen in privatrechtliche Verpflichtungen anhand einer Beweislastverteilung.[144] Dabei unterscheidet er zwischen Verwaltungshandeln und Gesetzgebungsakten.

Für Verwaltungsmaßnahmen gilt als Grundsatz die Vermutung, daß der Staat nicht zum Nachteil seiner eigenen Unternehmen handelt. Staatliche Eingriffsakte werden deshalb grundsätzlich dem Unternehmen zugerechnet. Liegt aber ein prima facie Beweis dafür vor, daß die Maßnahme nicht vertragsspezifisch, sondern allgemeinwohlorientiert ist oder kann der Staat hierfür einen liquiden Beweis erbringen, muß der Vertragspartner diesen widerlegen. Zugunsten des privaten Vertragspartners hält es *Böckstiegel* für ausreichend, wenn dieser demonstrieren kann, daß die Verwaltung in

141 (1978) 1 All E.R. 88

142 RIW/AWD 1980, 533 ff.

143 Khadjavi-Gontard/Hausmann RIW/AWD 1980, 534; auch Mann RIW 1987, 191

144 Böckstiegel, Der Staat als Vertragspartner S. 74; ders. NJW 1975, 1581 und Der Durchgriff auf den Staat S. 59

gleichgelagerten Situationen anders reagiert hat, insbesondere von entsprechenden Maßnahmen bewußt Abstand genommen hat.[145]

Bei Gesetzgebungsakten differenziert *Böckstiegel* zwischen Allgemeingesetzen und Einzelfallgesetzen. Letztere sind entsprechend der für Verwaltungsakte geltenden Beweislastverteilung zu behandeln.[146] Für Allgemeingesetze gilt im Grundsatz, daß nicht von einer Zurechenbarkeit auszugehen ist. Diese Vermutung muß von dem Vertragspartner entkräftet werden. Dies kann u. a. durch Heranziehung der Gesetzgebungsmaterialien oder anderer Anhaltspunkte geschehen, die zeigen, daß der Staat hier eine direkte Sanktion eines unerwünschten Vertragsverhältnis beabsichtigt.[147]

3.3.3.2.3.3 Zurechnung nach betroffener Handlungssphäre

Ausgangspunkt dieses insbesondere von *Nolting*[148] vertretenen Ansatzes, daß der Staat bei direkter oder indirekter wirtschaftlicher Betätigung zwei voneinander zu trennende Funktionen einnimmt. Entsprechend der Doppelstellung des Staates bei privatrechtlichem Tätigwerden wird zwischen dessen unternehmerischer und hoheitlicher Handlungs- und Entscheidungssphäre unterschieden. Je nachdem, welcher Sphäre der Eingriff entspringt, ist er entweder dem Staat als Hoheitsträger oder dem Staat als Unternehmer zuzuordnen.

Dient der staatliche Akt der Wahrung von Interessen der Allgemeinheit, betrifft er lediglich die hoheitliche Sphäre des Staates. In diesem Fall ist er dem unternehmerischen Bereich nicht zuzuordnen und stellt für diesen ein von außen den Vertrag beeinflussendes Ereignis dar.[149]

Ist eine Maßnahme aber von rein wirtschaftlichen Interessen getragen, berührt sie die unternehmerische Sphäre des Staates. Hier liegt dann eine Sphärenvermischung vor: Der Staat greift mit hoheitlichen Mitteln in sein unternehmerischen Tätigkeitsfeld ein. In diesem Fall kann der Staat oder das

---

[145] Böckstiegel Der Durchgriff auf den Staat S. 59; ders. NJW 1975, 1581

[146] ebd.

[147] ebd.

[148] RIW 1988, 511 ff.

[149] Nolting RIW 1988, 516

ihm vorgeschaltete Unternehmen sich nicht darauf berufen, ein von außen kommendes Ereignis habe die Vertragsabwicklung gestört.[150]

Nolting versucht mit dieser Unterscheidung, zwischen hoheitlicher und unternehmerischer Sphäre, eine Risikoverteilung vorzunehmen und zu vermeiden, daß der mit dem Staat Kontrahierende den Staat treffende wirtschaftliche Risiken im Falle der Vertragsbeendigung durch Hoheitsakt zu tragen hat. Besteht die Maßnahme lediglich in einer Korrektur der wirtschaftlichen Voraussetzungen, aufgrund welcher der Staat unternehmerisch tätig wird, ist dies dem unternehmerischen Bereich zuzuordnen.[151]

3.3.3.2.3.4 Stellungnahme und eigener Lösungsvorschlag

Khadjavi-Gontard/Hausmann stellen für die Feststellung des Mißbrauchs staatlicher Macht auf die Untersuchung subjektiver Elemente ab. *Böckstiegels* Lösungsansatz verfolgt das gleiche Ziel, nämlich die Feststellung der wahren Intention staatlicher Akte, unter Prüfung anhand einer Beweislastverteilung. Inhaltlich unterscheiden sich diese Ansätze nicht.

Der Lösungsansatz, die subjektive Seite der hoheitlichen Maßnahme zu untersuchen, ist durchaus sachgerecht, da nur hieran eine mißbräuchliche Einsetzung der staatlichen Machtmittel festgestellt werden kann. Die Beweislastverteilung *Böckstiegels* ist im Grunde auch dazu geeignet, manipulierende Akte zu identifizieren. Allerdings ist offensichtlich, daß der private Vertragspartner, bei dem Nachweis des rechtsmißbräuchlichen Handelns des Staates auch bei Anwendung der Beweislastregeln *Böckstiegels* benachteiligt ist, da es ihm zumeist schwerfallen wird, die vordergründig redliche Intention des Staates bei dem Erlaß von Verwaltungsakten oder Gesetzen zu widerlegen. Insbesondere dann, wenn es dem Staat tatsächlich um die Zunichtemachung seiner privatrechtlichen Pflichten geht, wird dieser das Offenkundigwerden dieser Absicht durch eine geeignete Begründung des Gesetzgebungsverfahrens bzw. Zustandekommen der Verwaltungsmaßnahme zu vermeiden suchen. Zudem wird die private Partei vermehrt auf Schwierigkeiten stoßen, dem Staat ein mißbräuchliches Verhalten nachzuweisen, wenn es sich um einen ausländischen Staat handelt, mit dem der Private kontrahiert. Hier müßte die private Partei zumindest aufzeigen, daß der ausländische Staat sich in vergleichbaren Fällen anders verhalten hat, bzw. das

---

[150] Nolting RIW 1988, 516; im Ansatz auch Basedow German Yearbook of International Law 27 (1984), 133

[151] Nolting RIW 1988, 517

Gesetzgebungsverfahren untersuchen. Die praktischen Schwierigkeiten sind offenbar.[152]

Das gewichtigste Argument gegen die Abgrenzung allein aufgrund subjektiver Merkmale aber zeigt sich, wenn das vom Staat - angeblich - zu schützen gesuchte Allgemeinwohl ein wirtschaftliches Interesse ist und gerade durch die Untersagung des betroffenen Vertrages oder Vertragstyps gewahrt wird. In dieser Situation stößt auch *Noltings* Lösungsvorschlag an Grenzen. Bei Identität zwischen Schutz nationaler Interessen und der Erhaltung wirtschaftlicher Vorteile, fragt sich, welches die maßgebliche Absicht des Staates oder mit *Nolting* welcher Sphäre das staatliche Handeln zuzurechnen sein soll. Da es letztlich wirtschaftliche Umstände sind, die das staatliche Handeln motivieren, müßte *Nolting* in dieser Situation stets zu dem Ergebnis kommen, daß eine unternehmerische Entscheidung getroffen wird.

Entsprechend kommt *Nolting* im Fall der *Rolimpex*-Entscheidung, der ein Ausfuhrverbot für Zucker aufgrund einer unerwartet eingetretenen Zuckerverknappung zugrundelag,[153] zu dem Ergebnis, daß die unternehmerische Sphäre des Staates betroffen ist, da es sich um eine Entscheidung des Staates im wirtschaftlichen Bereich handelte.[154]

Für die Zwecke dieser Untersuchung ist zu vergegenwärtigen, daß es hier nicht um die Feststellung der Rechtmäßigkeit eines Eingriffs geht, sondern darum, ob bei Akten des Staates die Berufung auf höhere Gewalt zulässig ist und durch diese der Staat selbst oder der ihm nahestehende Vertragspartner ohne Entschädigungsverpflichtung gegenüber der kontrahierenden Partei aus dem eingegangenen Vertrag entlassen wird. Aus Sicht des mit dem Staat Kontrahierenden ist zu untersuchen, ob er Akte des staatlichen Vertragspartners als allgemeines Risiko hinnehmen muß.

Das Abstellen auf Allgemeinwohlinteressen allein kann hierfür nicht ausreichen, denn dann könnte der Staat sich in allen Fällen, in denen die Durchführung einmal geschlossener Verträge sich in Folge als für ihn nachteilig erweist, diese kraft Hoheitsakt zunichte machen. Die Abwendung von den Staat treffenden wirtschaftlicher Nachteile ist zweifellos im Interesse der

---

[152] vgl. Nolting RIW 1988, 519

[153] Court of Appeals, Lloyd's Law Report 1977 II, 201 ff.; House of Lords, Lloyd's Law Report 1978 II, 305 ff.

[154] Nolting RIW 1988, 517

Allgemeinheit.[155] Der Staat könnte jederzeit entscheiden, ob er bereit ist, diese hinzunehmen oder sie schlicht seinem Vertragspartner zuschiebt, indem er aus dem unerwünschten Vertrag mittels Hoheitsakt unter Verweis auf das ökonomische Allgemeinwohlinteresse "aussteigt".

Zudem stellt sich die Frage, was als Akt des Allgemeinwohls anzusehen ist. Die Bewertung bestimmter Umstände als Interesse der Allgemeinheit in den einzelnen Rechtsordnungen kann von einander abweichen. Was in einem Staat als Interesse des Volkes anerkannt ist, kann in einem anderen Staat untergeordnete oder neutrale Bedeutung haben oder gar mißbilligt werden. Selbst derselbe Staat kann bestimmten Handlungen je nach politischem Umfeld Allgemeinwohlcharakter beimessen oder nicht. Die Definition des Allgemeinwohls hat durchaus eine subjektive Komponente. Es ist deshalb zweifelhaft, ob aus einem "Allgemeinwohl-Test" überhaupt objektive allgemeingültige Schlußfolgerungen gezogen werden können.

Auch wenn der Staat zum Wohle der Allgemeinheit handelt, so schließt dies nicht aus, daß die von ihm vorgenommene Maßnahme die einzige ihm zur Verfügung stehende oder einzige richtige ist. Hier sind Handlungsalternativen zu berücksichtigen. Im Fall von Rolimpex war das Exportverbot keineswegs die einzige Möglichkeit, das polnische Volk vor einer Zuckerverknappung zu schützen, sondern lediglich das für den Staat wirtschaftlich vorteilhafteste Mittel. Der Mangel an Zucker hätte auch durch den Zukauf von Zucker aus dem Ausland ausgeglichen werden können. Dies wäre jedoch mit erheblichen wirtschaftlichen Nachteilen verbunden gewesen.

Insofern ist es zwar richtig, wenn man davon ausgeht, das Exportverbot habe die Interessen des polnischen Volkes bestmöglich gewahrt. Allerdings fragt sich, ob dies dazu führen kann, daß der ausländische Vertragspartner das Risiko der Zuckermißernte alleine tragen soll. Wäre sein Vertragspartner eine Privatperson gewesen, hätte diese den Vertrag zu erfüllen und sich selbst anderweitig mit Zucker eindecken und damit das Risiko der Mißernte tragen müssen.

Hat der Staat Handlungsalternativen, ist er gerade nicht in der Situation, in der sich ein privater Vertragspartner in einem Fall höherer Gewalt befindet. Wird letzterem die Vertragserfüllung aufgrund eines Ereignisses höherer Gewalt unmöglich, ist er diesem ohnmächtig, ohne Abwendungsmöglichkeit ausgesetzt. Höhere Gewalt kann deshalb bei Gesetzgebungs- und Verwaltungsakten nur dann für den staatlichen Vertragspartner angenommen wer-

---

[155] Khadjavi-Gontard/Hausmann RIW/AWD 1980, 544

den, wenn seine hoheitliche Pflichten überhaupt kein anderes Handeln zum Wohle der Allgemeinheit zulassen oder im Fall von Handlungsalternativen eine Ermessensreduzierung auf Null vorliegt. Nur dann befindet sich der Staat in einer Situation, die der eines privaten Vertragspartners im Falle eines Ereignisses höherer Gewalt vergleichbar ist, nämlich einer Sachlage, die die Vertragserfüllung unausweichlich vereitelt.

Die Lösungsvorschläge von *Böckstiegel*, *Khadjavi-Gontard/Hausmann* und *Nolting* zeigen Indizien auf, anhand derer Mißbräuche staatlicher Macht bei privatrechtlicher Betätigung des Staates identifiziert werden können. Ausgangspunkt aller Meinungen ist die Untersuchung der wahren Intention des Staates bei dem Erlaß von vertragsstörenden Maßnahmen. Alle Meinungen stoßen jedoch dann auf Schwierigkeiten, wenn es gilt, staatliche Eingriffe mit wirtschaftlicher Motivation unter den Tatbestand der höheren Gewalt zu subsumieren.

Zusätzlich zu den diskutierten Ansätzen muß für die Untersuchung, ob der Staat sich gegenüber seinem Vertragspartner bei von ihm selbst erlassenen Hoheitsakten auf höhere Gewalt berufen darf, festgestellt werden, ob der Staat sich in einer Situation befindet, die der einer Privatpartei in Fällen höherer Gewalt entspricht. D. h. der Staat muß sich in einer Zwangslage befinden, die nicht anders gelöst werden kann, als durch den Erlaß des in das Vertragsverhältnis eingreifenden Hoheitsaktes. Dies ist insbesondere dann der Fall, wenn dem Staat keine anderen Handlungsalternativen zur Verfügung stehen oder er bei der Auswahl von alternativen Vorgehensweisen sich aufgrund seiner Verpflichtungen gegenüber dem Allgemeinwohl einer Alternative den Vorzug geben muß, also eine Ermessensreduzierung auf Null vorliegt.

3.3.4 Außergewöhnlichkeit der staatlichen Maßnahme

Die von den Parteien weder voraussehbare noch mit zumutbaren Mitteln abwendbare staatliche Maßnahme hat in politisch stabilen Rechtsordnungen regelmäßig Ausnahmecharakter, sofern entsprechende Rechtsverhältnisse bis zum Zeitpunkt des Vertragsabschlusses durchführbar und erlaubt waren. Aber auch bei politisch instabilen Verhältnissen bedeutet die übliche staatliche Willkür nicht, daß den Parteien regelmäßig die Berufung auf höhere Gewalt mit der Begründung abgeschnitten ist, staatliche Einzelfalleingriffe ohne Rechtsgrundlage seien nicht außergewöhnlich. Hier ist auf die Qualität des Eingriffs und den konkreten Sachverhalt abzustellen. Ist offenbar, daß das Vertragsverhältnis als politisch unerwünscht angesehen werden könnte, insbesondere weil gleichartige Rechtsverhältnisse bereits sanktioniert worden sind, kommt dem Eingriff durchaus Regelfallcharakter zu.

Grundsätzlich gilt hier, daß die Parteien, die vorbehaltlos in Unsicherheit über die Gültigkeit und Durchführbarkeit ihrer wechselseitigen Verpflichtungen kontrahieren, die Realisierung des übernommenen Risikos hinnehmen müssen.[156] Eine Berufung auf höhere Gewalt bei Eintritt des schwebenden Risikos ist dann nicht zulässig.

3.3.5 Staatliches Handeln bei vertraglicher höhere Gewalt Klausel

Häufig werden in vertraglichen höhere Gewalt Klauseln Hoheitsakte explizit als Umstände genannt, die die Folgen der höheren Gewalt auslösen, teilweise sogar in standardisierten Klauseln ganzer Wirtschaftszweige.[157]

Hier fragt sich, ob staatliche Akte kraft Vereinbarung der Partien stets als höhere Gewalt anzusehen sind, da beide Vertragsparteien des mit einer staatlichen Stelle geschlossenen Vertrages, also auch die private Partei, sich des Risikos bewußt sind, daß die geschaffene vertragliche Verpflichtung durch einen Hoheitsakt und zwar auch einen Hoheitsakt des am Vertrag beteiligten Staates, wieder beseitigt werden kann. Die private Partei hätte mit Vertragsunterzeichnung das Risiko eines Eingriffs durch den Vertragspartner mitübernommen und wäre bei Eintritt dieses Risikos nicht schutzbedürftig.

Diese Auffassung stößt auf Bedenken. Sie kann zum einen überhaupt nur dort gelten, wo die private Partei sich darüber bewußt ist, mit einer staatlichen Organisationseinheit zu kontrahieren. Aber auch dann erscheint es mißbilligenswert, wenn sich die staatliche Vertragspartei auf höhere Gewalt berufen könnte, wenn ein vertragsstörender Hoheitsakt bereits von ihr ins Auge gefaßt ist und die Vertragsklausel gerade für den Erlaß der Maßnahme vereinbart wird.

Die bloße Nennung bestimmter Tatbestände neben dem allgemeinen Tatbestand der höheren Gewalt in der vertraglichen Klausel stellt grundsätzlich keine Risikoübernahme für diese Fälle dar. Bei der Kombinationsklausel hat die konkrete Bezeichnung bestimmter Sachverhalte ohne Anhaltspunkte, die Schlüsse auf das Gegenteil zulassen, keine konstitutive Wirkung.[158] Vielmehr müssen sie die allgemeinen Elemente der höheren Gewalt erfüllen, die

---

156 LG Karlsruhe WM 1993, 1568

157 vgl. Ziff. 17 der Rules Relating to Contracts of the Refined Sugar Association bei Böckstiegel, Festschrift für Luther S. 23

158 vgl. Beitzke DB 1967, 1751; Nolting RIW 1988, 511

von dem jeweils anwendbaren Recht hierfür verlangt werden. Im Fall, daß der Staat durch die Vereinbarung einer höhere Gewalt Klausel Vorkehrungen für einen zu erlassenen Hoheitsakt schaffen will, fehlt es bereits an dem Erfordernis der Unvorhersehbarkeit der Maßnahme und damit an den allgemeinen Voraussetzungen der höheren Gewalt.

Die Auffassung, daß der Staat sich durch vertragliche höhere Gewalt Klauseln Eingriffsakte vorbehalten kann, impliziert, daß damit bereits das vertragliche Umfeld für entsprechende Maßnahmen und damit für den Fall des mißbräuchlichen Handelns des Staates geschaffen werden soll.[159] Erfüllt das in den Vertrag eingreifende Handeln die Voraussetzungen der höheren Gewalt, ist es unabhängig vom Wortlaut des Vertrages als höhere Gewalt anzusehen. Eine Klausel, die gerade die nicht von der allgemeinen Definition der höheren Gewalt erfaßten Fälle und damit Mißbrauchsfälle zu solchen zu machen beabsichtigt, d.h. einem der Vertragspartner aufgrund seiner besonderen Machtposition, gestattet, dem geschlossenen Vertrag zum Nachteil des Vertragspartners, ohne ausgleichsverpflichtet zu sein, aufzuheben, wäre als sittenwidrig anzusehen.

Ungeachtet des Vorstehenden ist es durchaus möglich, daß Privatpartei und Staat mit Blick auf eine spätere Gesetzgebung oder Verwaltungsmaßnahmen Vorkehrungen im Vertragswerk treffen. Sofern die staatlichen Akte nicht unter die allgemeine Definition der höheren Gewalt fallen, sind diese vertraglichen Vorkehrungen jedoch nicht unter dem Oberbegriff 'höhere Gewalt', der die Möglichkeit bietet, ohne Entschädigungspflicht, aus dem Vertrag entlassen zu werden, zu regeln.

Umgekehrt gilt für den Fall, in dem eine höhere Gewalt Klausel Akte des Staates gerade nicht explizit benennt, daß die unterlassene Bezugnahme bei Kontrahieren mit dem Staat nicht in der Weise interpretiert werden kann, daß staatliche Akte als Fälle höherer Gewalt ausgeschlossen sein sollen.[160]

Diese Auslegung setzt voraus, daß der kontrahierende Staat sich bereits bei Vertragsschluß bestimmter vertraglicher Rechte begibt, nämlich der Rechte eines Vertragspartners, von der vertraglichen Verpflichtung frei zu werden, wenn ein Fall höherer Gewalt in Form eines Hoheitsaktes eintritt. Wie oben ausgeführt, kann sich der Staat, wenn er sich bei dem Erlaß von Hoheitsakten in einer Zwangslage befindet, gegenüber dem privaten Vertragspartner

---

[159] Nolting RIW 1988, 511

[160] vgl. die Entscheidung der Schiedskommission der Außenhandelskammer der UdSSR bei Berman RabelsZ 24 (1959), 499 ff.

auf einen Fall höherer Gewalt berufen. Wäre der Staat in einem solchen Fall weiter an seine vertragliche Haftung gebunden oder Schadensersatzansprüchen ausgesetzt, würde er letztendlich bei Vertragsschluß über Interessen der Allgemeinheit disponieren. Die Eingehung einer solchen Allgemeinwohlinteressen aufgebenden Verpflichtung im privatrechtlichen Bereich staatlichen Handels ist nicht möglich.[161]

Weder die explizite Benennung staatlicher Eingriffe noch die Unterlassung ihrer Benennung in höhere Gewalt Klauseln in privatrechtlichen Verträgen des Staates, hat Auswirkungen auf die Feststellung, ob staatliche Eingriffsakte als höhere Gewalt anzusehen sind.

3.3.6 Provozierte Akte

Ein weiterer Sachverhalt, der die Behandlung hoheitlicher Akte als höhere Gewalt zweifelhaft erscheinen läßt, ist der, daß der hoheitliche Akt von einem bestimmten Verhalten der Vertragspartei abhängig ist, die sich bei seinem Erlaß auf höhere Gewalt beruft. Hier muß der Zusammenhang zwischen Verhalten der Vertragspartei und Hoheitsakt berücksichtigt werden. Ist das Tun oder Unterlassen der Partei kausal für den Erlaß des das Vertragsverhältnis störenden Hoheitsaktes, ist die Notwendigkeit der Prüfung, ob überhaupt noch von einem unvermeidbaren Ereignis gesprochen werden kann, offensichtlich. Der Erlaß des Hoheitsaktes kann hier zumindest mittelbar von der Vertragspartei kontrolliert werden, wenn es ihr freisteht, ob sie den Hoheitsakt auslösende Handlungen vornimmt oder nicht.

Konkret ist hier an öffentlich rechtliche Eingriffe zu denken, wie z. B. den des Baustops für den Fall, daß der Bauherr baurechtliche Vorschriften nicht einhält. Gegenüber seinen Auftragnehmern kann sich der Bauherr in diesem Fall nicht darauf berufen, von den mit diesen geschlossenen Verträgen aufgrund der Undurchführbarkeit der Baumaßnahme frei geworden zu sein, da die hoheitliche Verfügung als höhere Gewalt anzusehen sei. Um hiermit Erfolg zu haben, müßte der Hoheitsakt ein von ihm nicht zu vertretendes Ereignis darstellen. Hier liegt aber ein mittelbares Vertretenmüssen vor.

Entsprechendes gilt für die Verhängung von Erbargomaßnahmen, die den betroffenen Vertragspartner zu einem bestimmten Tun oder Unterlassen bewegen sollen. Im Falle des Irak-Embargos konnte der irakische Staat durch den Rückzug seiner Truppen aus dem kuwaitischen Staatsgebiet die Aufhebung des internationalen Embargos beeinflussen und in letzter Konsequenz

---

[161] Catranis RIW/AWD 1982, 23

durch sein eigenes Verhalten den Erlaß bzw. die Aufhebung von Verfügungen beeinflussen. Es ist zwar richtig, daß die Aufhebung des Embargos von Dritten bestimmt wird[162], ultimativ hängt dies aber vom Verhalten des Embargo-Adressaten ab und ist damit dessen Einflußbereich nicht entzogen. Die Möglichkeit der Einflußnahme stellt sich besonders klar da, wenn Sanktionen für ein bestimmtes zukünftiges Verhalten in Aussicht gestellt sind. Entscheidet sich der betroffene Staat trotz des angekündigten Embargos für die Ausübung des sanktionierten Verhaltens, nimmt er hiermit verbundene Nachteile, einschließlich der wirtschaftlichen Nachteile, in Kauf. Hier die Berufung auf höhere Gewalt zuzulassen bedeutet, diese Nachteile einem Dritten, dem mit dem Staat Kontrahierenden, aufzuerlegen.

Die Entscheidung des Staates, sich Sanktionen nicht zu beugen, kann aber nicht zu Lasten Dritter gehen. Die Entscheidung zugunsten des sanktionierten Verhaltens beinhaltet gleichzeitig die Entscheidung, die Sanktion hinzunehmen und geschlossene Verträge nicht mehr erfüllen zu können. Diese inhärente wirtschaftliche Entscheidung würde zu Lasten Dritter gehen, wenn die Berufung auf höhere Gewalt zulässig wäre.

3.4 Boykottaufrufe

Boykottaufrufe unterscheiden sich von obrigkeitlich ausgesprochenen Sanktionen dadurch, daß ihre Nichtbefolgung in keinen gesetzlich angeordneten und von hoheitlicher Hand vollstreckten und insoweit definitiven und vorhersehbaren Sanktionen resultiert.[163] Selbst bei staatlich getragenen Boykottaufrufen erschöpfen sich die Repressalien in wirtschaftlicher Ausgrenzung durch die Parteien, die den Boykott unterstützen, und ggf. Reputationsschäden. Charakteristisch ist dem Boykott, daß er in der Regel zeitlich beschränkt ist. Die Folgen der Zuwiderhandlung gegen den Boykott sind somit rein potentieller, wirtschaftlicher und temporärer Natur.

Ein Beispiel mit wirtschaftlich deutlicher Signifikanz ist der Aufruf der US-Bundesstaaten New York und Kalifornien, keine Geschäfte mit den schweizerischen Banken UBS und Credit Suisse bis zur Zahlung von Entschädigungen zugunsten Opfer des Holocaust zu tätigen.[164] Ob in einem solchen

---

[162] vgl. Bittner RIW 1994, 462, die hieraus folgert, daß das Embargo eine vom staatlichen irakischen Vertragspartner unkontrollierbare Situation ist und damit einen Fall höherer Gewalt darstellt.

[163] vgl. Lindemeyer S. 210

[164] Welt am Sonntag vom 16. August 1998

Fall eine Bank, die Erfüllung eingegangener Verpflichtungen unter Verweis auf den ausgerufenen Boykott als höhere Gewalt verweigern darf, erscheint zweifelhaft.

Das Ergebnis der Nichtbefolgung des Boykotts mag für den Betroffenen wirtschaftlich einen genauso drastischen Effekt haben, wie eine verhängte obrigkeitliche Strafe. Dennoch bestehen gravierende Unterschiede. Die Nichtbefolgung des Boykotts wird sanktioniert von einer bestimmten Gruppe; andere politische Gruppierungen oder Bevölkerungsgruppen mögen dem Boykott anders gegenüber stehen, so daß schon keine absolute, allgemeingültige Sanktion droht.

In Ansehung des Boykotts hat der Betroffene sich zwischen einerseits Vertragstreue und damit einhergehenden wirtschaftlichen Repressalien und andererseits Vertragsbruch zu entscheiden. Seine Entscheidung beruht letztlich auf nichts anderem als einer wirtschaftlichen Abwägung. Bei Befolgung des Boykotts hat der Betroffene sich dafür entschieden, geringere Nachteile in Kauf zu nehmen, um größere abzuwenden. Hier einen Fall höherer Gewalt zu bejahen, bedeutet, die Entscheidung des Schuldners zugunsten des Vertragsbruchs seinem Vertragspartner anzulasten. Auch fällt es schwer, die Willensbildung des Schuldners unter den Tatbestand des von außen kommenden, von ihm unbeeinflußten Ereignis zu subsumieren. Das Ereignissen höherer Gewalt anhaftende Charakteristikum der vis absoluta fehlt hier. Hier handelt es sich vielmehr um einen Akt der vis compulsiva. Der Schuldner hat sich bewußt für eine bestimmte Vorgehensweise entschieden und muß deshalb auch die hieraus resultierenden Konsequenzen tragen, insbesondere die seines vertragsbrüchigen Verhaltens.

3.5 Leistungserschwerungsrisiko; Veränderungen der wirtschaftlichen Verhältnisse

Vertragsstörungen aufgrund Erschwerungen bei der Leistungserbringung treten typischerweise bei längerfristigen Vertragsverhältnissen, insbesondere im Zusammenhang mit Preisbindungsklauseln auf. Verpflichtet sich der Schuldner zur Lieferung von Ware zu einem bestimmten Preis über einen gewissen Zeitraum und verteuert sich die Ware während der Vertragslaufzeit aufgrund von Umständen, die für den Schuldner überraschend eintreten, ist es für den Schuldner wirtschaftlich erstrebenswert, sich von seiner vertraglichen Verpflichtung zu lösen, sei es, um die geschuldete Ware nicht zu dem erschwerten Bedingungen beschaffen zu müssen, sei es, um die vorrätige Ware zu einem besseren Preis veräußern zu können. Insbesondere nach dem Ersten Weltkrieg war eine verstärkte Bereitschaft zu verzeichnen, das

Leistungserschwerungsrisiko als höhere Gewalt anzuerkennen, die jedoch durch die historischen Gegebenheiten bedingt war.[165]

Die Berufung auf höhere Gewalt im Zusammenhang mit Preissteigerungen ist problematisch, da der Schuldner mit Eingehung der langfristigen Bindung gerade das hierin begründete Risiko mitübernommen hat.[166] Der Schuldner hätte sich bei Vertragsabschluß vor Veränderungen der Marktverhältnisse in vielfacher Weise absichern können, insbesondere durch Vereinbarung von Preisanpassungsklauseln und nicht zuletzt in profanster Weise durch die Beschränkung seiner vertraglichen Bindung auf einen kürzeren und somit einfacher kalkulierbaren Zeitraum.

Ob eine Preissteigerung unvorhersehbar, unabwendbar, außergewöhnlich und betriebsfremd und damit als höhere Gewalt anzusehen ist, muß hier in besonderer Weise daran gemessen werden, daß jede Partei das mit dem Vertragsschluß von ihr übernommene wirtschaftliche Risiko zu tragen hat. Spekuliert der Schuldner auf fallende Beschaffungspreise und tritt diese Erwartung nicht ein, kann er das Risiko, teuerer liefern zu müssen, nicht unter Berufung auf höhere Gewalt auf seinen Vertragspartner verlagern.

Für die Beurteilung des Leistungserschwerungsrisikos als höhere Gewalt ist deshalb von Bedeutung, welches Risiko der Schuldner vertraglich übernommen hat. In wirtschaftlich stabilen Zeiten darf der Schuldner von einer geringen Inflationsrate und einem ebenso geringen Beschaffungsrisiko ausgehen. Umgekehrt muß der Schuldner bei instabiler Wirtschaftslage oder bei ungewisser Verfügbarkeit der Vertragsware jederzeit mit der Realisierung des Preissteigerungsrisikos rechnen. In diesem Fall hat er das Risiko der Verteuerung oder sonstiger Veränderung des Beschaffungsrisikos mitübernommen, welchem er sich auch nicht über den Umweg der höheren Gewalt wieder entledigen darf.

Allerdings ist auch in dem Fall, daß der Schuldner mit einer stabilen wirtschaftlichen Entwicklung rechnen durfte, nicht jede Veränderung der wirtschaftlichen Verhältnisse als höhere Gewalt anzusehen. Die notwendige Außergewöhnlichkeit des Ereignisses verlangt, daß die Leistungserschwerung von einschneidender Bedeutung ist und erheblich auf die Leistungsfähigkeit des Schuldners einwirkt.[167] Allgemeine Veränderungen des Marktes

---

165 Stobbe S. 91; Spaeth S. 91

166 Liesecke WM 1978, Sonderbeilage 3, 46; BGH WM 1955, 774

167 Koller, Risikozurechnung S. 217 f.; ders. NJW 1996, 302; Liesecke WM 1978, Sonderbeilage 3, 46

sind von diesem als gewöhnliche Ereignisse des Wirtschaftslebens hinzunehmen. Sie sind weder als außergewöhnliche Ereignisse noch als Grund anzusehen, von der von den Parteien vereinbarten Risikoverteilung abzuweichen. Erst wenn die Beeinträchtigung derart ungewöhnlich ist und für den Schuldner eine überaus unzumutbare Verschlechterung seiner Leistungsfähigkeit bedeutet, sind die Grenzen zur höheren Gewalt überschritten. Bis dahin ist dem Schuldner durch die Anwendung der Grundsätze des Wegfalls der Geschäftsgrundlage und entsprechender Anpassung seiner Verpflichtung an die veränderten Umstände genüge getan. Erst wenn dieses Korrektiv nicht mehr ausreichend ist, kommt höhere Gewalt zum Tragen.

4 Vertragliche Vereinbarungen zur höheren Gewalt

Obwohl im deutschen Recht anerkannt ist, daß der Schuldner nicht für durch höhere Gewalt hervorgerufene Ereignisse und deren Folgen einzustehen hat, finden sich häufig Vertragsklauseln, die spezifisch die Auswirkungen höherer Gewalt regeln.[168] Die Klauselpraxis läßt sich bis ins 19. Jahrhundert zurückverfolgen und hat insbesondere im Vorfeld und während des ersten Weltkrieges zunehmende Verbreitung erfahren.[169] Nachdem höhere Gewalt Klauseln ursprünglich im internationalen Geschäftsverkehr für erforderlich gehalten wurden und sich ihre Aufnahme dort als üblich durchgesetzt hat, finden sich Vertragsregelungen zur höheren Gewalt vermehrt auch in Verträgen ohne internationalen Bezug.[170] Dabei handelt es sich zumeist um Dauerschuldverhältnisse oder Verträge, bei denen die Vertragsleistung erst geraume Zeit nach Abschluß des Vertrages erbracht oder vollendet wird und bei denen die Parteien versuchen, die Risiken ihrer längerfristigen Bindung aufzufangen.

Der vertraglichen Ausgestaltung sind hierbei kaum Grenzen gesetzt und die Wortwahl ist mannigfaltig.[171] Die verbreitetsten Klauselarten lassen sich nach tatbestandlicher Ausgestaltung und Rechtsfolgen unterscheiden. Die

---

168 vgl. Liesecke WM 1978, Sonderbeilage 3 S. 46

169 vgl. hierzu Gesang S. 22; von Lambsdorff ZHR 90 (1927), 1 f.

170 vgl. die bei Rehbinder, S. 29 ff. und 137 abgedruckten Geschäftsbedingungen; Liesecke WM 1978, Sonderbeilage 3 S. 46; Fontaine L'Adaption des contrats S. 73; Khan Journal du Droit International 1975, 468 f.

171 vgl. zur Vielzahl der verwendeten "typischen" Klauseln Fontaine Droit et Pratique du Commerce International 1979, 473 ff.; Gesang S. 22 ff.

Rechtsfolgenregelungen reichen von der Entlassung des Schuldners aus seiner vertraglichen Verpflichtung ohne Entschädigungsleistung, einer Reduzierung des Leistungsumfangs auf das, was trotz des vertragsstörenden Ereignisses noch erbracht werden kann oder einer Suspendierung der Leistungspflichten für den Zeitraum der Dauer der Vertragsstörung.[172]

Je nach tatbestandlicher Ausgestaltung lassen sich höhere Gewalt Klauseln typologisch in General- und Spezialklauseln einteilen.[173] Während die Generalklausel lediglich an den Eintritt höherer Gewalt als abstrakten Begriff anknüpft, enthält die Spezialklausel eine Aufzählung konkreter Entlastungsfälle, wie z. B. Naturkatastrophen, Wetterereignisse, Krieg u. ä.

Heute nicht mehr geläufig ist die sog. Vorbehaltsklausel, die die Vertragspflichten schlicht unter den Vorbehalt höherer Gewalt stellte.[174] Diese Klausel enthält keine explizite Rechtsfolgenregelung, keine Spezifizierung ihres Tatbestandes und beschreibt auch nicht, wie sich das Ereignis höherer Gewalt auf die Vertragsverpflichtung auszuwirken hat. Die Klausel war deshalb Gegenstand kontroverser Auslegung.[175] Aufgrund der ihr anhaftenden Rechtsunsicherheit konnte sie sich im kaufmännischen Verkehr nicht durchsetzen.

Die Generalklausel bezweckt, durch den allgemeinen Verweis auf höhere Gewalt möglichst umfassend potentielle Vertragsstörungen zu erfassen, ohne daß sich die Parteien bereits bei Vertragsschluß Gedanken über die konkret zu befürchtenden Vertragsstörungen machen müssen. Allerdings ist sie auslegungsbedürftig und birgt damit die Gefahr, daß die Parteien bei Eintritt eines auf die Vertragspflichten einwirkenden Ereignisses dieses unter die abstrakte Formulierung subsumieren müssen und sich trefflich darüber streiten können, ob dieses von der Klausel erfaßt ist.[176]

---

[172] Beitzke DB 1967, 1751; Fontaine Droit et Pratique du Commerce International 1979, 473

[173] Beitzke DB 1967, 1751; Fontaine, L'Adaption des contrats S. 78; Khan Journal du Droit International 1975, 470

[174] "Verkäufer verpflichtet sich, ..., höhere Gewalt vorbehalten"; vgl. Gesang S. 23

[175] vgl. RGZ 87, 92, wo nicht einmal eine direkte Einwirkung auf das Vertragsverhältnis verlangt wurde.

[176] Beitzke DB 1967, 1751

Die Spezialklausel hingegen enthält eine namentliche Aufzählung von Ereignissen, die abschließend ist. Der Eintritt eines Ereignisses, das die Parteien bei Vertragsschluß nicht als potentielle Störung erkannt haben, ist trotz gleicher Wirkung und Qualität wie die benannten aufgrund der abschließenden Aufzählung als unbeachtlich für das Eingreifen der Klausel anzusehen.

Durchgesetzt haben sich aufgrund der mit Spezial- und Generalklausel jeweils verbundenen Nachteile zwischen beiden kombinierende Regelungen. Diese bezeichnen entweder den Befreiungstatbestand als höhere Gewalt mit einer anschließenden exemplarischen Benennung konkreter Sachverhalte oder schließen die Aufzählung konkreter Umstände mit dem Verweis auf Fälle höherer Gewalt ab, um so einen abschließenden Charakter der Regelung zu vermeiden.[177]

Die Reichweite der Klauseln hängt von den Umständen der Vertragsgestaltung und insbesondere dem von den Parteien Gewollten ab.[178] Hiernach bestimmt sich, ob die konkret bezeichneten Sachverhalte lediglich eine Erläuterung des Begriffs höhere Gewalt oder eigene, neben diesem stehende Tatbestände darstellen sollen, die selbst nicht die Voraussetzungen der höheren Gewalt erfüllen müssen, ob also die konkreten Sachverhalte Beispielcharakter haben oder konstitutiv sind.[179]

Zum Teil wird die Auffassung vertreten, daß trotz des expliziten Verweises auf höhere Gewalt nicht der von der Rechtsprechung und Literatur definierte Begriff gemeint sein muß, sondern die Parteien im Rahmen ihrer Vertragsfreiheit damit Umstände bezeichnen, die von dem rechtstechnischen Begriff der höheren Gewalt abweichen.[180] Insbesondere aufgrund der Strenge, mit der höhere Gewalt definiert und angewandt wird, haben die Parteien u. U. ein Interesse daran, sich mit eigens geschaffenen vertraglichen Klauseln vor bestimmten Situationen zu schützen, die anderenfalls nicht als höhere Gewalt behandelt werden. Man darf deshalb nicht unterstellen, daß die Parteien mit ihrer vertraglichen höhere Gewalt Regelung nur die ohnehin geltende

---

177 Böckstiegel RIW 1984, 7; Gesang S. 23; Beitzke DB 1967, 1751; Khadjavi-Gontard/Hausmann RIW/AWD 1980, 534; Cartoon JBusL 1978, 233

178 Gesang S. 28; Beitzke DB 1967, 1751

179 Gesang S. 28; Beitzke DB 1967, 1751; Lesguillons Droit et Pratique du Commerce International 1979, 518; Fontaine Droit et Pratique du Commerce International 1979, 476; Böckstiegel RIW 1984, 4

180 Beitzke DB 1967, 1751

Rechtslage wiedergeben wollen, sondern muß auch deren Interesse, an der Schaffung einer eigenen rechtlichen Grundlage Rechnung tragen.[181]

Dem ist aber entgegenzuhalten, daß Klauseln, die sich mit der Leistungsbefreiung befassen, dazu bestimmt sind, Situationen zu regeln, die Ausnahmecharakter haben. Wählen die Parteien für diese Situationen die Umschreibung als höhere Gewalt, beziehen sie sich auf einen bereits mit einer bestimmten Bedeutung belegten juristischen Terminus. Die Parteien können auf eine Vielzahl von Formulierungsmöglichkeiten zurückgreifen, denen keine bestimmte juristische Bedeutung anhaftet, wie z. B. "von den Parteien unbeeinflußte Ursachen", "Umstände außerhalb der Sphäre der Parteien", "vom Parteiwillen unabhängige Umstände"[182] und vieles mehr. Der Schluß, die Parteien wollten den Begriff höhere Gewalt unjuristisch verwenden, erfordert besondere Anhaltspunkte, die auf gerade diese Intention der Parteien hinweisen. Allein die Aufzählung bestimmter Ereignisse neben dem allgemeinen Terminus höhere Gewalt läßt keine entsprechende Schlußfolgerung zu.

Sofern die vertragliche Regelung eine Aufzählung von Vertragsstörungen enthält, die nicht abschließend ist, können auch weitere nicht explizit bezeichnete Sachverhalte unter die Klausel subsumiert werden. Für die Auslegung gilt hier die im englischen Recht entwickelte ejusdem generis Regel. Unter die Vertragsklausel können dann solche Ereignisse subsumiert werden, die von gleicher Qualität wie die ausdrücklich benannten sind.[183] Ausgangspunkt für die Subsumption ist die Suche nach gemeinsamen Merkmalen der benannten Ereignisse. An den festgestellten Kriterien sind dann andere vertragsstörende Situationen zu messen. Um so verschiedenartiger die genannten Sachverhalte sind, desto großzügiger wird der Anwendungsbereich der Klausel. Entsprechend enger wird ihr Anwendungsbereich je mehr gemeinsame Kriterien aus der Aufzählung der Befreiungstatbestände entnommen werden können.

Verwenden die Parteien aber den Begriff der höheren Gewalt, so müssen sie sich auch dessen juristische Bedeutung gefallen lassen. Wie daneben bezeichnete Sachverhalte zu behandeln sind, ob konstitutiv oder als erläuternde Beispielsfälle, hängt in Ermangelung anderer Anhaltspunkte für den Par-

---

181 Gesang S. 29; Spaeth S. 153

182 Eberstein S. 110; vgl. Art. 79 UN Kaufrecht, der gänzlich auf den Verweis auf höhere Gewalt verzichtet

183 Gesang S. 95

teiwillen vom Wortlaut der Klausel ab. Es empfiehlt sich deshalb, dem Parteiwillen hinreichend Ausdruck zu verleihen. Wollen die Parteien bestimmte Situationen als höhere Gewalt behandeln, sollten sie eine entsprechende Formulierung wählen, die keiner Klärung bedarf, ob die erfaßten Situationen konstitutive Tatbestände sein sollen. Eine beispielhafte Aufzählung solcher Situationen resultiert nicht einfach in Rechtsunsicherheit, sondern schließt eine entsprechende Schlußfolgerung sogar aus.

ZWEITER TEIL: HÖHERE GEWALT IM DOKUMENTEN-AKKREDITIVGESCHÄFT

1 Rechtliche Grundlagen des Dokumentenakkreditivgeschäfts

1.1 Gesetzliche Regelungen

Im deutschen Recht finden sich keine spezialgesetzlichen Vorschriften zum Dokumentenakkreditiv. Das Dokumentenakkreditivgeschäft bestimmt sich deshalb nach den allgemeinen zivilrechtlichen Vorschriften, d.h. denen des BGB und des HGB.

Entsprechend ist die Rechtslage in der überwiegenden Zahl der ausländischen Rechtsordnungen. Bekannte gesetzliche Regelungen, die sich speziell mit dem Dokumentenakkreditiv befassen, finden sich lediglich in 27 Ländern, darunter die griechische als einzige innerhalb der Europäischen Union geltende Regelung.[184] Teilweise sind die gesetzlichen Regelungen rudimentär und beschränken sich auf die Normierung allgemeiner Grundsätze des Akkreditivgeschäfts oder dessen Abwicklungsmodalitäten[185], so daß sich auch in diesen Rechtsordnungen die Rechtsverhältnisse weitgehend nach den allgemeinen zivilrechtlichen Vorschriften richten. Aber auch in den Rechtsordnungen, in denen sich eine umfangreiche spezialgesetzliche Normierung des Akkreditivgeschäfts findet, wie beispielsweise in den USA[186], sind diese Regelungen nicht abschließend, so daß auch hier auf allgemeine Vorschriften und Grundsätze zurückgegriffen werden muß.[187]

Spezialgesetzliche Regelungen der Auswirkung höherer Gewalt auf das Dokumentenakkreditiv finden sich nur in einer verschwindend geringen Anzahl der Rechtsordnungen, und zwar allein in denen der Vereinigten Arabischen

---

184 vgl. die bei Schütze, Dokumentenakkreditiv Rn. 577 abgedruckten Gesetzestexte

185 so z. B. die südamerikanischen und auch die osteuropäischen Regelungen, s. Schütze, Dokumentenakkreditiv Rn. 583 ff. und Rn. 591 ff.

186 Art. V UCC

187 Schütze, Dokumentenakkreditiv Rn. 577; Käser RabelsZ 21 (1956), 76; ders. ZKW 1961, 1089

Emirate[188] und Kuwait[189] bzw. der wenigen anderen Staaten, die die kuwaitischen Vorschriften in ihr nationales Recht übertragen haben.[190]

Die gesetzlichen Vorschriften zur höheren Gewalt beschränken sich auf den Fall, daß die Geschäftstätigkeit der Bank bedingt durch höhere Gewalt unterbrochen wird. Andere Auswirkungen der höheren Gewalt, wie etwa die Vereitelung der rechtzeitigen Dokumentenvorlage durch Störungen in der Sphäre des Begünstigten, finden sich nicht. Im übrigen ist auffällig, daß die bekannten gesetzlichen Vorschriften zur höheren Gewalt beim Dokumentenakkreditiv überaus knapp gefaßt sind und keine weitere Erläuterung darüber enthalten, was als höhere Gewalt anzusehen ist, so daß sich auch hier der Inhalt der Regelung wesentlich nach nicht dokumentenakkreditivspezifischen Vorschriften richtet.

1.2 Einheitliche Richtlinien und Gebräuche für Dokumentenakkreditive

Eine detaillierte Regelung des Dokumentenakkreditivs findet sich in den ERA. Trotz ihrer umfangreichen und eingehenden Kodifikation werden die ERA nicht als abschließende Regelung des Dokumentenakkreditivgeschäfts angesehen. Es ist international anerkannt, daß auch dann, wenn sie Anwendung finden, in bezug auf die von ihnen nicht erfaßten Bereiche auf nationales Gesetzesrecht zurückgegriffen werden muß.[191]

Die ERA enthalten seit ihrer Erstfassung eine detaillierte Regelung zu den Auswirkungen höherer Gewalt auf das Dokumentenakkreditivgeschäft, die heute in Art. 17 enthalten ist. Art. 17 ERA bestimmt, daß das Akkreditiv verfällt, sofern die Unterbrechung der Geschäftstätigkeit der Bank aufgrund höherer Gewalt die fristgerechte Inanspruchnahme des Akkreditivs vereitelt. Obwohl Art. 17 ERA wesentlich detaillierter als die bekannten gesetzlichen Vorschriften zur höheren Gewalt im Dokumentenakkreditivgeschäft ist, regelt er ebenso wie diese ausschließlich den Fall, daß die Inanspruchnahme des Akkreditivs durch die Schließung der Bank verhindert wird. Er beschränkt sich zwar anders als die gesetzlichen Regelungen nicht nur auf die Nennung höherer Gewalt als den die Schließung der Bank verursachenden

---

188 Schütze, Dokumentenakkreditiv Rn. 613 ff.

189 Schütze, Dokumentenakkreditiv Rn. 599 ff.

190 ebd.

191 vgl. nur Nielsen BuB Rn. 5/474; Schinnerer/Avancini S. 7; Eisemann/Eberth S. 49

Tatbestand, enthält aber weder eine Definition der höheren Gewalt, Erläuterungen seiner weiteren Tatbestände noch deren Verhältnis zueinander.

1.3 Anwendbare Regelung

Ob für den Verfall eines Akkreditivs während der Unterbrechung der Geschäftstätigkeit der Bank Art. 17 ERA gilt oder ob dieser Fall nach dem geltenden Gesetzesrecht zu behandeln ist, hängt davon ab, ob die ERA auf das Akkreditiv anwendbar sind. Dies wiederum bestimmt sich danach, in welcher Weise die ERA Geltung erlangen. Wesentlich hierfür ist die Rechtsnatur der ERA. Sind sie als vertraglich zwischen den Parteien zu vereinbarende Regelungen, etwa in Form von allgemeinen Geschäftsbedingungen anzusehen, ist eine zumindest konkludente Einigung der Parteien über ihre Geltung erforderlich.

Haben sich die Parteien nicht auf die Geltung der ERA geeinigt, gelten die ERA nur dann, wenn sie als Gewohnheitsrecht oder gem. § 346 HGB als Handelsbräuche anzusehen sind; anderenfalls gilt das nach dem internationalen Privatrecht anwendbare nationale Sachrecht. Die auf das Akkreditiv anwendbare Regelung, d. h. ERA oder ausschließlich Gesetzesrecht hängt deshalb letztlich von der Rechtsnatur der ERA ab.

1.3.1 Rechtsnatur der ERA

Die Rechtsnatur der ERA ist seit jeher umstritten. Vertreten wurde in der Literatur die Ansicht, daß die ERA als allgemeine Geschäftsbedingung, Handelsbräuche, Gewohnheitsrecht, lex mercatoria oder Rechtsordnung sui generis anzusehen seien. Differenzierende Meinungen messen den einzelnen Klauseln der ERA je nach ihrem Regelungsgehalt unterschiedliche Qualität bei und kommen zu dem Ergebnis, daß sie teils Handelsbrauch bzw. Gewohnheitsrecht und teils allgemeine Geschäftsbedingungen sind.

1.3.1.1 Geltung der ERA als allgemeine Geschäftsbedingungen?

Die heute überwiegende Meinung geht davon aus, daß es sich bei den ERA um allgemeine Geschäftsbedingungen handelt.[192]

---

[192] BGH WM 1960, 40; OLG München WM 1996, 2336; Canaris Rn. 927; Hoeren/Florian Rn. 25; von Westphalen RIW 1994, 454; ders. Rechtsprobleme der Exportfinanzierung S. 227 f.; Nobbe Rn. 403; Lenz EuZW 1991, 298; Avancini/Iro/Koziol Rn. 4/18; J. Hartmann S. 3; Ulrich S. 54; Liesecke WM 1966, 458

Bei den ERA handelt es sich in der Tat um für eine Vielzahl von Fällen vorformulierte Klauseln, die ohne Verhandlung ihres Inhalts bei der Akkreditiveröffnung zugrundegelegt werden. Üblicherweise erfolgt der Hinweis auf die Geltung der ERA durch die Banken, so daß diese als Verwender im Sinne des AGBG anzusehen sind. Insoweit unterscheiden sich die ERA nicht von anderen Bedingungen, die die Banken gegenüber ihren Kunden verwenden, wie z. B. die Sonderbedingungen für die ec-Karte oder die Sonderbedingungen für Wertpapiergeschäfte, deren Einordnung als allgemeine Geschäftsbedingung unbestritten ist.

Auch erscheint das "Stellen" der ERA i. S. v. § 1 AGBG nicht weiter problematisch[193], da dieses Tatbestandsmerkmal nicht voraussetzt, daß der Verwender das Regelwerk selbst geschaffen hat.[194] Dies ist auch bei den bereits genannten Bankbedingungen nicht der Fall, die nicht von der einzelnen Bank verfaßt, sondern ebenso wie die ERA von einem zentralen Organ, nämlich dem Bundesverband der Deutschen Banken erarbeitet worden sind.

Die ERA unterscheiden sich aber von den Bankbedingungen dadurch, daß sie kein Klauselwerk sind, das im Sinne des späteren Verwenders zu dem Zweck entwickelt wurde, seine vertragliche Stellung möglichst günstig auszugestalten und sich durch die Verwendung von nicht zur Verhandlung stehenden vorformulierten Klauseln Vorteile in der Vertragsgestaltung verspricht. An der Erarbeitung der ERA waren nicht nur Vertreter der Banken sondern auch Vertreter von Handel, Industrie und Versicherungswirtschaft beteiligt. Ihr Ziel war nicht die Schaffung eines einseitigen, eine Partei begünstigenden Regelwerkes, sondern eine alle Parteiinteressen berücksichtigende praxisbezogene Regelung des Akkreditivgeschäfts.[195] Orientierungsmaßstab bei der Abfassung und Weiterentwicklung der ERA war nicht die Stellung der Bank, sondern die Festlegung von Klauseln für eine einheitliche internationale Behandlung von Akkreditiven, die im Interesse aller am Akkreditiv beteiligten Parteien ist.

---

[193] Haas ZBB 1999, 304; Canaris Rn. 927; H.-C. Hartmann S. 16; a. A. Schütze, Dokumentenakkreditiv Rn. 18; Nielsen BuB Rn. 5/499; Eberth, Festschrift für Neumayer S. 206

[194] BGHZ 126, 332; BGHZ 88, 370

[195] Wälzholz WM 1994, 1459; Nielsen in Schimansky/Bunte/Lwowski § 120 Rn. 23; ders. BuB Rn. 5/499; Schinnerer ZfRV 1961, 5; Gafner S. 5

Allein die Einbeziehung der ERA über die AGB-Banken spricht nicht für ihre Behandlung als allgemeine Geschäftsbestimmungen[196], da der Verweis auf die Geltung der ERA mittels der AGB-Banken die ERA nicht automatisch selbst zu allgemeinen Geschäftsbedingungen macht. Der Hinweis auf die Geltung der ERA in den AGB-Banken anstelle einer individuellen Einbeziehung dient lediglich der Vereinfachung und ist eine schlichte Ausprägung des Massengeschäfts der Banken.

Auch erscheint das Ergebnis der Einordnung der ERA als allgemeine Geschäftsbedingungen weder erforderlich noch zufriedenstellend. Zum einen richten sich Nachteile aufgrund der Anwendbarkeit des AGBG stets gegen den Verwender. Da als Verwender der ERA die Banken anzusehen sind, träfen diese die von den Vorschriften des AGBG vorgesehenen ungünstigen Rechtsfolgen, wie z. B. die der für den Verwender ungünstigen Auslegungsregel des § 5 AGBG, was angesichts der Erarbeitung der ERA durch pluralistische Interessengruppen und der rein "technischen" Stellung der Bank als Verwender i. S. des AGBG nicht angemessen erscheint. Die einseitige Benachteiligung der Banken widerspricht der Entstehungsgeschichte und dem Charakter der ERA.

Im übrigen paßt das Wesen und die Schutzrichtung des AGBG nicht auf die ERA, unabhängig davon, ob man den Schutzzweck des AGBG in der Verhinderung der einseitigen Ausnutzung der vom Verwender in Anspruch genommenen Vertragsgestaltungsfreiheit sieht oder zusätzlich eine gegenüber dem Vertragspartner stärkere Marktstellung des Verwender fordert.[197] Die Einbeziehung der ERA als interessenausgleichendes Regelwerk führt weder zu einer einseitigen Ausnutzung der Vertragsgestaltung durch die die ERA verwendende Bank noch erscheinen andere am Akkreditivgeschäft teilnehmenden Parteien gegenüber der Bank aufgrund ihrer schwachen Marktstellung besonders schutzwürdig.[198]

Angesichts des Strebens der ERA nach internationaler Vereinheitlichung und Akzeptanz birgt die Anwendung des AGBG oder vergleichbarer ausländischer Schutzgesetze die Gefahr, daß in den einzelnen Rechtsordnungen unterschiedlich strenge Schutzvorschriften Anwendung finden[199], was das

---

[196] so Borggrefe S. 29

[197] zum Streitstand Ulmer/Brandner/Hensen Einl. Rn. 28

[198] Wälzholz WM 1994, 1458; Nielsen WM 1999, 2011; ders. ZIP 1984, 230

[199] Nielsen in Schimansky/Bunte/Lwowski § 120 Rn. 23

Risiko einer uneinheitlichen Handhabung der ERA bedeutet und damit den Interessen der ERA letztlich entgegenläuft.

Die ERA sind deshalb nicht als allgemeine Geschäftsbedingungen anzusehen.

1.3.1.2 Geltung der ERA als Gewohnheitsrecht?

Eine Mindermeinung insbesondere in der älteren Literatur hält die ERA für Gewohnheitsrecht, das ohne vertragliche Vereinbarung Geltung erlangt.[200] Als Gewohnheitsrecht wären die ERA dann anzusehen, wenn sie eine länger andauernde gleichförmige Übung darstellen, die von den beteiligten Rechtskreisen als verbindlich behandelt wird.[201]

Die Entwicklungsgeschichte der ERA zeigt, daß die schriftlich niedergelegten Regeln zumindest zum Teil gerade nicht den zum Zeitpunkt ihrer schriftlichen Fixierung praktizierten Übungen und Gepflogenheiten entsprachen. Vielmehr beabsichtigten die Revisionen der ERA immer wieder, in der Praxis neu auftretende oder in bestimmten Kreisen praktizierte Besonderheiten zu eliminieren, sofern dies für die Praktikabilität der ERA erforderlich war.[202] Ein Beispiel aus jüngerer Zeit ist die durch die Revision 1993 festgelegte Frist zur Dokumentenprüfung und ggf. Rüge mangelhafter Dokumente auf sieben Bankarbeitstage. Hier waren die Praktiken der Banken vor der Revision 1993 recht unterschiedlich und es wurden teilweise exzessive Fristen als üblich betrachtet[203], was letztlich in der Notwendigkeit zur Revision des Art. 13 lit. (b) führte. Aufgrund der stark divergierenden Praxis kann kaum von der Umsetzung von Gewohnheitsrecht gesprochen werden.

Revisionen der ERA wurden zudem aufgrund sich wandelnder technischer Voraussetzungen erforderlich, so daß bezüglich dieser Klauseln vor ihrer

---

200 Schubert BB 1952, 129; Wiele S. 25; Herold/Lippisch S. 51; Slongo S. 49

201 Eberth, Festschrift für Neumayer S. 203; Haas ZBB 1999, 303

202 Canaris Rn. 926; Avancini/Iro/Koziol Rn. 4/18; H.-C. Hartmann S. 15; Nielsen in Schimansky/Bunte/Lwowski § 120 Rn 21; ders. BuB Rn. 5/474; Wassermann S. 24; von Westphalen RIW 1994, 453

203 die überwiegende Meinung hielt bereits vor der Revision 1993 eine Frist von 1-3 Tagen für angemessen; zum Teil wurde aber auch eine achttägige Frist als angemessen betrachtet; in Bank Melli Iran ./. Barclays Bank [1951] 2 Times L. R. 1057, vertraten die Akkreditivbank und das angerufene Gericht die Ansicht, daß auch eine sechswöchige Frist u. U. als der Praxis entsprechend angesehen werden könne.

Einbindung in die ERA keine langfristige tatsächliche Übung festgestellt werden kann. Lediglich bestimmte Regelungen können als Wiedergabe von gewohnheitsrechtlichen Tatbeständen angesehen werden, wie z. B. die Niederlegung der Grundsätze der Dokumentenstrenge.[204] In ihrer Gesamtheit kann man die ERA jedoch nicht als Gewohnheitsrecht einordnen. Auch sprechen die ERA selbst gegen eine Qualifizierung als Gewohnheitsrecht, da Art. 1 nur von einer Geltung der ERA bei vertraglicher Einbeziehung ausgeht. Eine Geltung kraft Vereinbarung wäre bei Einordnung der ERA als Gewohnheitsrecht nicht erforderlich.

Die Geltung der ERA als Gewohnheitsrecht scheint insbesondere seit Inkrafttreten der International Standby Practices ISP98 (ISP98) am 1. Januar 1999 um so problematischer. Da die ISP98 ein mit den ERA konkurrierendes Regelwerk sind und geeignet sind, für jede Art von abstraktem Zahlungsversprechen zu gelten[205], führte die Geltung der ERA als Gewohnheitsrecht dazu, daß bei Vereinbarung der ISP98 konkurrierende Regelungen nebeneinander Anwendung finden. Von einem solchen Nebeneinander der Regelungen geht die Internationale Handelskammer aber gerade nicht aus. Sie überläßt es der Entscheidung der Parteien, welche Regelungen anwendbar sein sollen.[206]

Die ERA sind deshalb nicht als Gewohnheitsrecht anzusehen.

1.3.1.3 Geltung der ERA als Handelsbräuche?

Insbesondere in der älteren Literatur wurde verstärkt die Annahme vertreten, daß es sich bei den ERA um schriftlich niedergelegte Handelsbräuche handele.[207] Ähnlich wie die Annahme der Geltung als Gewohnheitsrecht setzt die rechtliche Einordnung der ERA als Handelsbräuche voraus, daß sie eine langfristige gleichförmige Übung der beteiligten Verkehrskreise wiedergeben. Lediglich die normative Anerkennung wird hier nicht gefordert.

---

204 Liesecke WM 1960, 210; Nielsen BuB Rn. 5/498

205 Preface ISP98, abgedruckt in ZBB 1999, 320 ff.; Nielsen WM 1999, 2008

206 ICC-Publ. Nr. 590 S. 7: "The choice of which set of rules to select is, therefore, left to the parties as it should be."

207 Vanderhoeght S. 13; Borggrefe S. 30; Lücke S. 17; Angersbach S. 15; Schönle, Bank- und Börsenrecht S. 119; de Rooy S. 16; Schinnerer ZfRV 1963, 212; ders. ÖstBank-Archiv 1977, 47; Eisele S. 12; Loeffler S. 9; auch BGH WM 1958, 459; BGH WM 1959, 25; in jüngster Zeit auch Zahn/Dahlmann S. 10

Eine Einordnung der ERA in ihrer Gesamtheit als Handelsbräuche scheitert aber aufgrund der gleichen Gründe wie ihre Qualifizierung als Gewohnheitsrecht. Sich neu entwickelnde Praktiken wurden zum Teil durch eine Neufassung der ERA schnell korrigiert, die Behandlung neuer Techniken im Nachrichten- und Transportwesen kann aufgrund fehlender zeitlicher Komponente nicht als Handelsbrauch angesehen werden.[208] Zudem finden Bräuche von lediglich lokaler Bedeutung überhaupt keine Berücksichtigung in den ERA, so daß sie u. U. in bestimmten Regionen den dortigen Usancen gerade widersprechen.[209] Zum Teil entwickelten sich Handelsbräuche auch erst aufgrund der schriftlichen Abfassung bestimmter Verhaltenspflichten durch die Internationale Handelskammer.[210]

Auch die von den ERA für ihre Anwendung vorausgesetzte vertragliche Einbeziehung spricht gegen die Einordnung als Handelsbräuche. Die ERA stellen aus diesen Gründen keine Handelsbräuche dar.

Allerdings können Teile der ERA, die grundlegende Prinzipien des Dokumentenakkreditivgeschäfts wiedergeben, durchaus als Handelsbräuche angesehen werden, wie beispielsweise die Regelungen des Art. 3 lit. (a) ERA, die den Grundsatz der Abstraktheit des Dokumentenakkreditivs festhält.[211] Allerdings bedarf es hierfür einer Untersuchung jeder einzelnen Regelung und der Feststellung, daß tatsächlich elementare Grundsätze des Akkreditivgeschäfts Gegenstand der Regelung sind, die von den Verkehrskreisen auch ohne ihre Niederlegung in den ERA langfristig praktiziert würden.

1.3.1.4 Geltung der ERA als lex mercatoria?

Zum Teil wird angenommen, die ERA seien Teil eines einheitlichen internationalen Handelsrechts.[212] Hiergegen ist aber einzuwenden, daß die Internationale Handelskammer trotz ihrer weltweiten Anerkennung nicht mit Ho-

---

[208] Canaris Rn. 926; Schütze, Dokumentenakkreditiv Rn. 16; Hoeren/Florian Rn. 24; Avancini/Iro/Koziol Rn. 4/18; Eberth, Festschrift für Neumayer S. 204; ders. in Rechtsfragen zum Dokumenten-Akkreditiv S. 17

[209] Borggrefe S. 28; Schönle NJW 1968, 728

[210] Liesecke WM 1966, 458

[211] Hoeren/Florian Rn. 24; Eberth in Rechtsfragen zum Dokumenten-Akkreditiv S. 28, der dies für den größten Teil der ERA für zutreffen hält

[212] Schmitthoff RabelsZ 28 (1964), 56; Berger, Festschrift für Schütze S. 105

heitsbefugnissen und schon gar nicht mit Rechtssetzungsmacht ausgestattet, sondern lediglich eine privatrechtliche Organisation ist.[213]

Gegen die Annahme der Zugehörigkeit zu einer wie auch immer ausgestatteten lex mercatoria spricht auch die von den ERA selbst für ihre Geltung vorausgesetzte Notwendigkeit der vertraglichen Einbeziehung und ihr eingeschränkter Regelungsbereich. Die ERA stellen allein Verhaltenspflichten im Zusammenhang mit der Abwicklung des Akkreditivgeschäfts auf. Darüber hinausgehende Bereiche werden bewußt nicht geregelt, um ein möglichst wenig im Konflikt zu nationalen Rechtsordnungen stehendes Regelwerk zu schaffen. Bei diesen bewußt von den ERA nicht erfaßten Bereichen ist auf das jeweils anwendbare nationale Recht zurückzugreifen. Dieses Nebeneinander von nationalen Rechtsordnungen einerseits und, soweit der geregelt Teilbereich betroffen ist, kraft Parteiwillen geltender ERA andererseits steht einer Einordnung der ERA als Rechtsordnung des Welthandels entgegen.[214]

1.3.1.5 Geltung der ERA als Rechtsordnung sui generis

Die von den ERA verkörperten Elemente einer von den unterschiedlich am Akkreditivgeschäft beteiligten Verkehrskreisen akzeptierten Rechtsordnung mit grenzüberschreitender Wirkung ohne legislative Grundlage, die einerseits Handelsbräuche schriftlich niederlegt, andererseits aber auch selbst kreiert, machen es unmöglich, die ERA als allgemeine Geschäftsbedingungen, Gewohnheitsrecht, Handelsbräuche oder internationale Rechtsordnung einzuordnen. Die ERA müssen und können nicht unter die zur Verfügung stehenden herkömmlichen Schemata subsumiert werden. Die Einordnungsversuche anhand der jeweiligen vom nationalen Recht bereitgehaltenen Rechtsinstitute werden auch der Bedeutung und Zielsetzung der ERA nicht gerecht und berücksichtigen nicht ihren internationalen Charakter.

---

213 Schütze, Dokumentenakkreditiv Rn. 13; Wälzholz WM 1994, 1457; Lenz EuZW 1991, 298; Avancini/Iro/Koziol Rn. 4/18; Angersbach S. 13; Schönle, Bank- und Börsenrecht S. 118: besonders deutlich von Bar ZHR 152 (1988), 45, "Empfehlungen eines Vereins des französischen Rechts"; Nielsen in Schimansky/Bunte/Lwowski § 120 Rn 20; ders. BuB Rn. 5/497

214 von Westphalen RIW 1994, 453; Eisemann, Festschrift für Bärmann S. 266; Hoeren/Florian Rn. 21

Ihre Einzigartigkeit bedingt, die ERA als ein Normengefüge eigener Art anzusehen.[215] Hierfür ist keine Rechtsetzungskompetenz der Internationalen Handelskammer erforderlich[216], da die Rechtsordnung sui generis nicht gleichbedeutend mit einer Rechtsordnung mit Rechtsnormcharakter ist.

Einzelne Regelungen der ERA können dennoch als Handelsbrauch oder Gewohnheitsrecht angesehen werden, sofern sie elementare Prinzipien des Dokumentenakkreditivgeschäfts verkörpern. Dies hängt jedoch vom Regelungsgehalt der einzelnen Vorschrift ab und erfordert eine individuelle Feststellung. In ihrer Gesamtheit sind die ERA als Rechtsordnung sui generis anzusehen, die einzelne zum Handelsbrauch oder Gewohnheitsrecht erstarkte Praktiken schriftlich niederlegt.

1.3.2 Notwendigkeit der vertraglichen Einbeziehung der ERA

Insbesondere ältere Literaturmeinungen gehen von einer Geltung der ERA ohne entsprechende Parteivereinbarung aus.[217] Diese sehen aber die ERA in ihrer Gesamtheit als Gewohnheitsrecht oder Handelsbräuche an, so daß sie zwangsläufig eine vom Parteiwillen unabhängige Anwendbarkeit der ERA annehmen müssen.

Richtigerweise geht die heute h. M.[218] von der Anwendung der ERA kraft rechtsgeschäftlicher Einbeziehung aus. Die Meinungen, die die ERA als Allgemeine Geschäftsbedingungen ansehen, müssen konsequenterweise zu diesem Ergebnis kommen. Die Notwendigkeit der Parteivereinbarung besteht aber auch bei Einordnung der ERA als lex mercatoria oder Rechtsordnung sui generis. Dies entspricht den eigenen in Art. 1 ERA zum Ausdruck gebrachten Prämissen der ERA und den Intentionen der ICC. Jede andere

---

[215] Schütze, Dokumentenakkreditiv Rn. 19; Eisemann/Eberth S. 49; Eisemann AWD 1963, 139, 142; Eberth, Festschrift für Neumayer S. 214

[216] Eberth, Festschrift für Neumayer S. 215; vgl. Kümpel Rn. 7.83, der die Einordnung der ERA als Rechtsordnung sui generis hieran scheitern lassen will; ebenso Schönle NJW 1968, 727; Hampe S. 23 f.

[217] Schönle, Bank- und Börsenrecht S. 119; Schubert BB 1952, 129; Wiele S. 25, Herold /Lippisch S. 51

[218] Nielsen BuB 5/502; ders. Grundlagen S. 20; Canaris Rn. 928; J. Hartmann S. 17 f.; Thorn IPRax 1996, 258; de Rooy S. 16; Marasinghe S. 521; Eberth, Festschrift für Neumayer S. 215; Eisemann, Festschrift für Bärmann S. 266 f.

Ansicht setzt sich über den expliziten Wortlaut der ERA hinweg.[219] Die Einbeziehung der ERA erfolgt heute zumeist standardisiert durch die ortsüblichen Bankbedingungen. Folglich sind die überwiegende Mehrzahl der Akkreditive den ERA unterworfen. Nichtsdestotrotz besteht die – eher theoretische - Möglichkeit, daß die Parteien sich nicht auf die Geltung der ERA verständigen und das Akkreditiv demzufolge allein den anwendbaren gesetzlichen Regelungen unterworfen ist.

2 Höhere Gewalt bei Dokumentenakkreditiven, für die die ERA gelten

Die Auswirkungen höherer Gewalt werden von den ERA in Art. 17 geregelt. Danach haften die Banken nicht für die Folgen der Unterbrechung ihrer Geschäftstätigkeit durch Fälle höherer Gewalt, Unruhen, Aufruhr, Aufstand, Kriege oder andere Ursachen, die außerhalb ihrer Kontrolle liegen, sowie durch Streiks oder Aussperrungen.

2.1 Regelungsgehalt des Art. 17 ERA

Die Bedeutung dieser Haftungsfreistellung erschließt sich erst im Zusammenhang mit Art. 44 lit. (a) ERA, der bestimmt, daß die Schließung der Bank aus einer der in Art. 17 ERA genannten Ursachen nicht zu einer Verlängerung der Vorlagefrist führt. Die Schließung der Bank vom Tag der Dokumentenvorlage bis zum letzten Tag der Vorlagefrist bzw. Verfalldatum bedeutet für den Begünstigten den Verlust der Ansprüche aus dem Akkreditiv, sofern ein Fall des Art. 17 ERA die Schließung der Bank auslöst.

Art. 17 ERA regelt dessen Rechtsfolgen für die Bank in dem Sinne, daß sie keine Haftung, d. h. keine Sekundärhaftung trifft.[220] Daß die Primärhaftung aus dem Akkreditiv endet, ergibt sich bereits aus Art. 9, 42 lit. (b), 44 lit. (a) ERA.

Es besteht Einigkeit darüber, daß eine Unterbrechung der Geschäftstätigkeit der Bank nach rechtzeitiger Vorlage der Dokumente unschädlich für den

---

219 so selbst (allerdings inkonsequenterweise) Zahn/Dahlmann S. 10, die die ERA als Handelsbräuche ansehen

220 Schütze, Dokumentenakkreditiv Rn. 455

Begünstigten ist.[221] In diesem Fall hat der Begünstigte mit fristgerechter Präsentation akkreditivgerechter Dokumente alles getan, um seinen Anspruch auf die Akkreditivsumme zu realisieren. Das Verstreichen der Akkreditivfrist, ohne daß Zahlung der Bank nach Dokumentenvorlage eingetretener Geschäftsunterbrechung erfolgt, geht nicht zu seinen Lasten.[222]

Für den Verzögerungsschaden gilt wiederum Art. 17 Satz 1 ERA. Hat der Begünstigte die Dokumente rechtzeitig vorgelegt, kann die Bank das Akkreditiv aber erst nach mehrwöchiger Schließung honorieren, schuldet sie dem Begünstigten keine Verzugszinsen oder andere Schadenersatzleistungen, sofern ein Fall des Art. 17 ERA vorliegt.

Als Begründung für die strenge Regelung des Art. 17 ERA wird ausgeführt, daß der Begünstigte das umfassende Risiko für die rechtzeitige Vorlage der Dokumente tragen soll.[223] Dem Wortlaut des Art. 17 ERA kann dies aber so nicht entnommen werden. Art. 17 ERA enthält im Zusammenhang mit Art. 44 lit. (a) ERA lediglich die Bestimmung, daß eine Schließung der Bank aufgrund von bestimmten, in Art. 17 ERA genannten Umständen nicht zu einer Verlängerung des Akkreditivs führt. Hat der Begünstigte die Dokumente vor der Schließung der Bank nicht vorgelegt und dauert die Schließung der Bank bis zum Verfalldatum bzw. Ablauf der Vorlagefrist an, geht dies zu seinen Lasten.

Art. 17 ERA bürdet dem Begünstigten aber nicht das allgemeine Risiko der fristgerechten Dokumentenvorlage auf, sondern nur das Risiko, daß die Bank am Tag der Dokumentenvorlage geöffnet ist bzw. bei einer Schließung der Bank vor Dokumentenvorlage vor Ablauf der Vorlagefrist bzw. dem Verfalldatum ihre Geschäftstätigkeit wieder aufnimmt. Geregelt sind also ausschließlich Auswirkungen auf die allgemeine Geschäftstätigkeit der Bank.

Andere Folgen der von Art. 17 ERA genannten Ereignisse, etwa betreffend die Sphäre des Begünstigten, oder andere Auswirkungen auf die Sphäre der Bank als die der Unterbrechung ihrer Geschäftstätigkeit, werden von Art. 17

---

[221] BGH WM 1960, 40 f.; Canaris Rn. 992; Stapel S. 191; Nielsen ERA Rn. 123; ders. Grundlagen S. 89; ders. in Schimansky/Bunte/Lwowski § 120 Rn. 165; Baumbach/Hopt, Bankgeschäfte (11), Art. 17 ERA Rn. 1; Avancini/Iro/Koziol Rn. 4/104; Liesecke WM 1960, 215

[222] BGH WM 1960, 40

[223] Nielsen ERA Rn. 291

ERA und auch sonst von den ERA nicht erfaßt. Die ERA enthalten hier eine Regelungslücke.

Die Tatbestände des Art. 17 ERA lassen sich in zwei allgemeine Gruppen einteilen. Während Unruhen, Aufruhr, Aufstand, Kriege, Streik und Aussperrungen konkrete Ereignisse bezeichnen, sind Fälle höherer Gewalt und Ursachen außerhalb der Kontrolle der Bank umschreibende, verallgemeinernde Begriffe, die eine Vielzahl verschiedener Sachverhalte umfassen können.

Dabei ist auffällig, daß Streiks und Aussperrungen, gleichwohl sie konkrete Ereignisse bezeichnen, nicht gemeinsam mit den entsprechenden Tatbeständen, sondern getrennt von deren Aufzählung, die mit "Ursachen außerhalb der Kontrolle der Banken" abgeschlossen wird, genannt werden. Die ERA selbst enthalten keine Definitionen weder für die allgemeinen Begriffe noch die konkret bezeichneten Sachverhalte und geben explizit auch keinen Aufschluß über das Verhältnis der allgemeinen Begriffe zu den konkreten benannten Sachverhalten.

Wie in einem solchen Fall zu verfahren ist, ist umstritten. Die ERA selbst geben keinen Lösungsweg vor. Ebenso wie auch zur Auslegung des Wortlauts der ERA reichen die Meinungen von der bedingungslosen Anwendung des geltenden Gesetzesrechts bis hin zu dessen völliger Außerachtlassung zugunsten einer Auslegung anhand der Wertungen der ERA.

2.2 Auf die ERA anwendbare Auslegungsgrundsätze

Die zur interpretierenden und lückenschließenden Auslegung der ERA vertretenen Meinungen hängen vornehmlich von der jeweils verfochtenen rechtlichen Einordnung der ERA ab. Insbesondere die Autoren, die die ERA als Allgemeine Geschäftsbedingungen ansehen, favorisieren eine Auslegung anhand des nationalen Gesetzesrechts.[224] Zur Begründung wird ausgeführt, daß aus dem hierarchischen Verhältnis zwischen ERA als Regelwerk mit zwar supranationalem Geltungsbereich aber dennoch fehlendem Gesetzescharakter folge, daß ihre Auslegung einschließlich der lückenschließenden

---

224 von Westphalen, Rechtsprobleme der Exportfinanzierung S. 230 f.; Hoeren/Florian Rn. 27; Schönle NJW 1968, 730; Wassermann S. 22; Stapel S. 50 f.; H.-C. Hartmann S. 18; anders Ulrich S. 58 und Vorpeil IWB, Fach 10, Gruppe 8, 163, die die ERA zwar als Allgemeine Geschäftsbedingungen ansehen, aber dennoch eine Auslegung anhand nationaler Rechtsnormen ablehnen

Auslegung stets anhand des Gesetzesrecht als hierarchisch übergeordnetem Regelwerk erfolgen müsse.[225]

Die Gegenmeinungen, die die ERA als Rechtsordnung sui generis oder schriftlich niedergelegte Handelsbräuche einordnen, lehnen einen Rückgriff auf gesetzliche Bestimmungen ab und befürworten eine Auslegung anhand der Wertungen der ERA.[226] Diese Meinungen wehren sich gegen die Heranziehung des nationalen Gesetzesrechts zur Lösung von Auslegungsfragen, da die ERA eine Kodifikation international anerkannter Handelsbräuche sind und ihre grenz- und nationale Regelungen überschreitende Geltung den Rückgriff auf Vorschriften einer bestimmten Rechtsordnung nicht zulasse.

Allein die rechtliche Einordnung der ERA kann nicht Ansatzpunkt für die Entscheidung über die Art und Weise der Auslegung der ERA sein. Die Qualifikation eines Regelwerkes als Allgemeine Geschäftsbedingungen bedeutet nicht notwendigerweise, daß von diesem nicht explizit oder eindeutig geregelte Sachverhalte ohne Rücksicht auf Sinn und Zweck der standardisierten Regelungen stets anhand der gesetzlichen Regelungen zu beurteilen sind.[227]

Daß die ERA ein grenzüberschreitendes Regelwerk sind, vermag hieran nichts zu ändern. Ihre internationale Geltung spricht sogar eher gegen ein Hierarchieverhältnis, das u. U. noch zwischen Allgemeinen Geschäftsbedingungen mit geographisch eingeschränktem Anwendungsbereich und dem entsprechenden nationalen Gesetzesrecht angenommen werden könnte.

Ein solches Hierarchieverhältnis würde voraussetzen, daß das übergeordnete System immer dann eine Lösung bereit hält, wenn diese bei Anwendung der untergeordneten Regelung fehlt. Die ERA sind losgelöst vom Gesetzesrecht einzelner Staaten entstanden und werden weitgehend unabhängig von nationalen Besonderheiten praktiziert, so daß ein Subsidiaritätsverhältnis oder ein anderes Rangverhältnis zum Gesetzesrecht, das ein verläßliches Zurückgreifen auf dieses in Zweifelsfragen voraussetzt, schon aus der Natur der Sache folgend ausgeschlossen ist.

---

225 von Westphalen, Rechtsprobleme der Exportfinanzierung S. 230 f.; Stapel S. 50 f.; Wassermann S. 22

226 Steindorff, Festschrift für von Caemmerer S. 765 f.; Schücking S. 13; Grader van der Maas S. 14; Baumbach/Hopt, Bankgeschäfte (11), Einl. ERA Rn. 2; Slongo S. 62; Jack Rn. 1.27; de Rooy S. 16; Borggrefe S. 31; Schinnerer ÖstBank-Archiv 1984, 239

227 siehe Ulrich S. 58; a. A. H.-C. Hartmann S. 13

Formaljuristische Aspekte, wie das Über- und Unterordnungsverhältnis zwischen Gesetzesrecht und Regelung unterhalb der Gesetzesebene, dürfen nicht alleine ausschlaggebend sein. Das Dokumentenakkreditivgeschäft ist typischerweise grenzüberschreitend und bedarf deshalb international anerkannter Regelungen. Das hier notwendige international einheitliche Verständnis darf nicht nationalen formalen Positionen zum Opfer fallen, auch wenn diese für sich betrachtet richtig und im nationalen Rahmen akzeptabel und praktikabel sind.[228]

Außerdem beachten die Meinungen, die sich generell für die Auslegung anhand des Gesetzesrechts bzw. dessen Ablehnung aussprechen, nicht, daß Regelungslücken und Auslegung der ERA verschiedene Sachverhalte sind, die nicht notwendigerweise einer einheitlichen Auslegungsmaxime unterworfen sein müssen. Hier erscheint eine differenzierende Betrachtung angezeigt.

2.2.1 Beabsichtigte Regelungslücken

Die ERA enthalten bewußt keine vollständige Regelung aller Fragen im Zusammenhang mit dem Akkreditivgeschäft, sondern eine beabsichtigte Teilregelung, nämlich die der Abwicklung des Akkreditivgeschäfts.[229] U. a. enthalten die ERA keine Normen zu Leistungsstörungen, Einbeziehung der ERA, Entstehung der Leistungsbeziehungen und auch Fragen des Kollisionsrechts. Hier bestehen ganze Sachzusammenhänge betreffende systematische Lücken.

Die ERA streben lediglich an, die eigentliche Akkreditivabwicklung zu vereinheitlichen, nicht jedoch allgemeine Bestimmungen über das Zustandekommen der Leistungsverhältnisse, deren Störung oder das Kollisionsrecht zu schaffen. Dies ginge nicht nur über die Zielsetzung der ERA hinaus, sondern stieße auch an die Grenzen der Akzeptanz einer international einheitlichen Regelung. Für diese nicht geregelten Sachverhalte haben die einzelnen Rechtsordnungen bereits eigene Bestimmungen geschaffen. Fragen des Zustandekommens des Akkreditivs oder der Einbeziehung der ERA in das konkrete Akkreditivverhältnis müssen von den ERA nicht noch einmal neu geregelt werden, da es sich dabei nicht um spezielle Fragen des Dokumen-

---

228 Zahn, Festschrift für Rittershausen S. 249

229 allg. M. vgl. nur Schinnerer/Avancini S. 7; Schinnerer ZfRV 1963, 213; Ulrich S. 48; Stapel S. 48; Liesecke WM 1966, 458; Wassermann S. 22; Lombardini S. 31; Eisemann/Eberth S. 49; H.-C. Hartmann S. 20; Nielsen BuB Rn. 5/474

tenakkreditivs handelt. Für einen international - wie auch immer - kodifizierten "allgemeinen Teil" des Rechts des Dokumentenakkreditivs besteht kein Bedürfnis. Hier ist immer auf das geltende nationale Recht zurückzugreifen.[230]

2.2.2 Echte Regelungslücken

Von diesen von den ERA bewußt nicht geregelten Sachverhalten sind Regelungslücken zu unterscheiden, die den von den ERA grundsätzlich geregelten Bereich des Akkreditivgeschäfts betreffen. Hierbei handelt es sich um echte Regelungslücken, d. h. um von den ERA nicht explizit normierte Sachverhalte, die jedoch in deren allgemein normierten Bereich des Akkreditivgeschäfts fallen.

Die ERA enthalten eine systematische Abbildung von Vorgängen, die sich in den beteiligten Verkehrskreisen als praktikabel und als adäquate Risikoverteilung im Akkreditivgeschäft herausgebildet haben. Die Annahme einer Rückgriffsmöglichkeit auf gesetzliche Vorschriften, sofern die ERA für einen bestimmten Sachverhalt, der in den Grenzen ihres sachlichen Anwendungsbereichs fällt, keine Vorschrift enthalten, erscheint problematisch. Dies wäre nur dann eine akzeptable Lösung, wenn das Gesetzesrecht passende Regelungen bereithält.

Werden die unbeabsichtigten Regelungslücken der ERA auf der Grundlage des anwendbaren Gesetzesrechts geschlossen, wird das Risiko in Kauf genommen, daß mit den Wertungen der ERA in Widerspruch stehende Ergebnisse erzielt werden. Das Gesetzesrecht und die ERA bieten jeweils in sich geschlossene Lösungen, diese stehen aber u. U. isoliert nebeneinander. Der Rückgriff auf das nationale Gesetzesrecht enthält deshalb das Risiko, daß benachbarte Sachverhalte grundlegend anders behandelt werden. Hier besteht kein Miteinander zwischen ERA und Gesetzesrecht, sondern vielmehr ein "Einbrechen" des Gesetzesrechts in das in sich geschlossene System der ERA.[231] Dies muß um so mehr gelten, wenn es sich - wie in den meisten Rechtsordnungen der Fall - beim Dokumentenakkreditiv um ein Rechtsinstitut handelt, welches das Gesetzesrecht als solches nicht kennt.[232] Gesetzliche

---

[230] Slongo S. 64; Nielsen in Schimansky/Bunte/Lwowski § 120 Rn. 9; H.-C. Hartmann S. 21; im Ergebnis auch Canaris Rn. 931

[231] Schücking S. 13; Grader van der Maas S. 14; Slongo S. 60

[232] Nielsen BuB Rn. 5/491 "Rechtsinstitut sui generis"; ders. Grundlagen S. 21; J. Hartmann S. 7; Zahn, Festschrift für Rittershausen S. 249

Auffangregelungen für ein dem Gesetzesrecht unbekanntes Rechtsgeschäft sind ein Widerspruch an sich.

Zu bedenken ist auch, daß die ERA darauf abzielen, ein international einheitliches Regelwerk zu schaffen und nationale Besonderheiten zugunsten der international harmonisierten Praxis zurückzudrängen. Dazu gehört auch ein international konformes Verständnis der ERA zu schaffen, das nur bei einer Auslegung anhand der Wertungen der ERA erreicht werden kann.[233] Bei der lückenschließenden Auslegung muß der internationale Charakter und die Zielsetzung der ERA berücksichtigt werden, was die kompromißlose Anwendung des nationalen Rechts nicht leisten kann. Dies ist nur bei einer lückenschließenden Auslegung der ERA anhand ihren erkennbaren Wertungen gewährleistet.[234]

Eine lückenschließende Auslegung anhand des nationalen Rechts kommt deshalb nur dann in Betracht, wenn Auslegungsversuche unter Orientierung an den Wertmaßstäben der ERA keinen Aufschluß bringen.

2.2.3 Auslegung der ERA

Eine davon zu unterscheidende Frage ist die der Auslegung des Wortlauts der ERA. Im Grundsatz gilt auch hier, daß eine international einheitlich Auslegung anzustreben ist.[235] Diese ist jedoch nur zu einem bestimmten Grad möglich. Die Schließung von Regelungslücken im Wege der Auslegung und die Interpretation bestimmter Begriffe gehen von verschiedenen Grundlagen aus.

Bei echten Regelungslücken halten die ERA zumindest eine Lösung für einen ähnlich gelagerten Sachverhalt bereit, so daß ihnen eine bestimmte Wertung für den nicht geregelten Fall entnommen werden kann. Die Auslegung der von den ERA verwendeten Rechtsbegriffe läßt entsprechende Schlüsse

---

233 Bontoux, Liber Amicorum Eisemann S. 162

234 Canaris Rn. 931; Eisemann/Eberth S. 50; Ulrich S. 58; Schinnerer/Avancini S. 8; Slongo S. 62; Jack Rn. 1.27; de Rooy S. 16; Steindorff, Festschrift für von Caemmerer S. 766; Baumbach/Hopt, Bankgeschäfte (11), Einl. ERA Rn. 2; Bontoux, Liber Amicorum Eisemann S. 162; Eisele S. 14; Schinnerer ÖstBank-Archiv 1977, 48 f.; Eisemann AWD 1963, 139; Bühler S. 25

235 Eisemann/Eberth S. 50; Wolf ZHR 153 (1989), 306; Baumbach/Hopt, Bankgeschäfte (11), Einl. ERA Rn. 2; Horn/von Marschall/Rosenberg/Pavicevic S. 12, 14; J. Hartmann S. 29; Bontoux, Liber Amicorum Eisemann S. 162

nicht ohne weiteres zu, insbesondere wenn es sich um Begriffe handelt, die bereits in den einzelnen Rechtsordnungen in einem bestimmten Sinne verstanden und definiert werden.

Abgesehen von den Positionspapieren der ICC, die, sofern einer der dort diskutierten Teilaspekte betroffen ist, als Intention des Regelungsgebers bei der Auslegung der ERA herangezogen werden können, gibt es keine übergeordnete Institution oder Autorität, die eine einheitliche Auslegung oder Grundsätze hierfür vorgeben könnte.[236] Die Gerichte eines jeden Staates müssen sich deshalb in Zweifelsfragen an ihrer nationalen Rechtsprechung und Gesetzgebung orientieren. Selbst wenn man die ausländische Praxis berücksichtigt, stößt der Wunsch, eine internationale Vereinheitlichung zu schaffen, dort an Grenzen, wo unterschiedliche Rechtsordnungen ein und den gleichen Rechtsbegriff anders auslegen.

Wie oben[237] ausgeführt, kennen die verschiedenen Rechtsordnungen den Begriff der höheren Gewalt. Dessen Tatbestandsvoraussetzungen sind jedoch von Rechtsordnung zu Rechtsordnung verschieden. Während die Definition der höheren Gewalt des einen Staates für ein bestimmtes Ereignis ausreichend ist, kann das gleiche Ereignis von einer anderen Rechtsordnung der Parteisphäre zugerechnet werden und zur Verneinung eines Falls höherer Gewalt führen. Die unterschiedliche Behandlung der höheren Gewalt ist nur ein Beispiel von vielen für das uneinheitliche Verständnis der von den ERA verwandten unbestimmten und auslegungsbedürftigen Rechtsbegriffe.[238]

Aber selbst wenn man bei der Auslegung die abweichende internationale Rechtsprechung und -praxis berücksichtigt, führt dies - einmal abgesehen von dem hiermit verbundenen Aufwand - nicht zu befriedigenden Ergebnissen. Eine rechtsvergleichende Betrachtung wird lediglich zu dem Ergebnis führen, daß mindestens eine Rechtsordnung den untersuchten Sachverhalt abweichend von anderen handhabt. Die Konsequenz hieraus kann nur eine Mehrheitsentscheidung sein. Diese aber bedeutet nichts anderes als die Bevorzugung einer nationalen Auslegung gegenüber anderen.

Dies beseitigt nicht die bestehende international uneinheitliche Handhabung, sofern nicht die Gerichte aller Staaten nach diesem Maßstab verfah-

---

236 Schütze, Dokumentenakkreditiv Rn. 22; Canaris Rn. 930

237 s. erster Teil, Abschnitt 2

238 Hedley S. 308; vgl. Vorpeil RIW 1993, 12 ff. zum Begriff der "angemessenen Zeit" in Art. 13 ERA

ren, was aber angesichts der Aufgabe eigener nationaler Grundsätze kaum vorstellbar und durchsetzbar erscheint. Gerade wenn die überwiegende internationale Praxis den Sachverhalt anders als die nationale Praxis handhabt, erscheint eine Abweichung zugunsten der internationalen Praxis kaum realistisch. Nationale Gerichte werden sich hier darauf zurückziehen, daß die ausländische Praxis und Rechtsprechung kein Präjudiz für das inländische Recht haben kann.[239] Die Durchsetzung einer international einheitlichen Auslegung der ERA birgt zudem die Gefahr, daß die Akzeptanz der ERA aufgrund der Aufgabe inländischer zugunsten fremder Praktiken gefährdet würde.[240]

Die interpretierende Auslegung ist deshalb anhand der nationalen Grundsätze vorzunehmen.[241]

2.2.4 Ergebnis

Unechte Regelungslücken, d. h. Sachverhaltskomplexe, die nicht dem allgemeinen Regelungsgegenstand der ERA unterfallen und deshalb absichtlich nicht von den ERA geregelt werden, sind stets unter Anwendung des nationalen Gesetzesrechts zu schließen. Bei Lücken im System der ERA, die Fragen der Abwicklung des Akkreditivgeschäfts betreffen und unbeabsichtigt nicht geregelt sind, ist der Rückgriff auf das nationale Gesetzesrecht weitgehendst zu vermeiden. Sofern die ERA bei Zweifelsfragen keinen Aufschluß geben, muß die interpretierende Auslegung in Ermangelung international einheitlicher Auslegungsgrundsätze nationale Regelungen und Besonderheiten berücksichtigen.

Für Art. 17 ERA bedeutet dies, daß die nicht geregelte Auswirkung der Fälle des Art. 17 ERA auf die Sphäre des Begünstigten und alle anderen Auswirkungen auf die Sphäre der Bank, die nicht zu einer Unterbrechung ihrer Geschäftstätigkeit führen, anhand den Wertungen der ERA zu bestimmen sind. Die Auslegung des Art. 17 ERA hat ebenfalls anhand der Systematik des gesamten Regelwerks zu erfolgen. Erst wenn diese unergiebig bleibt, ist auf nationales Recht abzustellen. Die Definition der höheren Gewalt unterliegt stets den nationalen Grundsätzen.

---

239 Vorpeil RIW 1993, 14; H.-C. Hartmann S. 18; a. A. Teoh Oon Teong 2 Singapore Academy of Law Journal (1990), 54 f.

240 Wolf ZHR 153 (1989), 304

241 Steindorff, Festschrift für von Caemmerer S. 766; Vorpeil IWB Fach 10, Gruppe 8, S. 163

2.3 Auslegung des Art. 17 ERA

2.3.1 Auslegung des Art. 17 ERA anhand seines Wortlauts

Hinsichtlich der Benennung konkreter und allgemeiner Sachverhalte, die zur Entlassung aus der vertraglichen Haftung berechtigen, erinnert Art. 17 ERA an die Kombinationsklausel.[242] Art. 17 ERA weist aber einen wesentlichen Unterschied zu ihr auf.

Bei der typischen Kombinationsklausel sind die konkret bezeichneten Sachverhalte als Unter- oder Beispielsfälle des allgemeinen Tatbestands der höheren Gewalt genannt. Die Formulierung des Art. 17 ERA läßt eine solche Lesart jedoch nicht zu. Unruhen, Aufruhr, Aufstand und Kriege sind nicht als dem Oberbegriff der höheren Gewalt untergeordnete Sachverhalte, sondern gemeinsam mit diesem aufgezählt. Ein Unter- bzw. Überordnungsverhältnis ist dem Satzbau des Art. 17 ERA nicht zu entnehmen. Vielmehr weist dieser auf ein Verhältnis der Gleichrangigkeit hin.

Die Aufzählung wird durch die Worte "oder irgendwelche Ursachen, die außerhalb der Kontrolle der Bank liegen" fortgeführt und zwar ebenfalls durch eine Gleichordnung im Satzbau. Die Fortführung der Aufzählung durch die Verknüpfung "oder" drückt typischerweise ein Alternativverhältnis aus, welches dagegen spricht, Unruhen, Aufruhr, Aufstand und Kriege als Beispiele höherer Gewalt zu lesen. Art. 17 ERA geht hier offenbar davon aus, daß Unruhen, Aufruhr, Aufstand und Kriege, höhere Gewalt und Ursachen außerhalb der Kontrolle der Bank alternative gleichrangige Sachverhalte sind, die jeweils einzeln die Rechtsfolgen des Art. 17 ERA auslösen. Der Wortlaut des Art. 17 ERA läßt den Schluß zu, daß es nicht erforderlich ist, daß Kriegsereignisse nur dann die Bank zur Berufung auf den Verfall des Akkreditivs während der Unterbrechung ihrer Geschäftstätigkeit berechtigen, wenn diese als höhere Gewalt anzusehen sind.[243]
Die Relevanz dieses Ergebnisses mag auf den ersten Blick nicht erkennbar sein, da Kriegs- oder politische Ereignisse typischerweise als Sachverhalten höherer Gewalt angesehen werden[244] und deshalb ein Fall, in dem ein entsprechendes Ereignis nicht als höhere Gewalt zu qualifizieren ist, nicht of-

---

242 vgl. Beitzke DB 1967, 1751; zur Kombinationsklausel s. Erster Teil, Abschnitt 4

243 Schütze, Dokumentenakkreditiv Rn. 451; Balossini S. 288; a. A. Stapel S. 188

244 vgl. BGHZ 100, 188; Khadjavi-Gontard/Hausmann RIW/AWD 1980, 534; Beitzke DB 1967, 1751

fensichtlich ist. Bei genauerer Betrachtung zeigt sich aber, daß gewisse als typische Ereignisse der höheren Gewalt bezeichnete Sachverhalte nicht in jedem Fall unter den juristischen höhere-Gewalt-Begriff subsumiert werden können. Wird beispielsweise ein Akkreditiv eröffnet während bereits im Land der Zahlstelle Krieg herrscht und verfällt das Akkreditiv deshalb, weil am Tag, an dem der Begünstigte bei der Zahlstelle die Dokumente präsentieren will, diese aufgrund der Kriegswirren nicht mehr geöffnet ist, dürfte sich die Bank nach deutschem Recht mangels Unvorhersehbarkeit nicht auf höhere Gewalt berufen.[245]

2.3.2 Teleologische Auslegung

Das Akkreditiv soll eine von vornherein zeitlich beschränkte Haftung der Banken begründen. Gemäß Art. 44 lit. (a) ERA verschiebt sich das Verfalldatum des Akkreditivs bzw. verlängert sich die Dokumentenvorlagefrist nur, wenn der Verfalltag bzw. der letze Tag der Vorlagefrist auf einen Tag fällt, an dem die Banken aus einem anderen als den in Art. 17 ERA genannten Gründen geschlossen ist. In Betracht kommt nur ein Tag, der allgemein kein Arbeitstag ist, also ein Sonntag, Sonnabend oder Feiertag, oder ein Tag, an nur die betroffene Bank aufgrund eigener Entscheidung nicht geöffnet ist.

Diese von den ERA erlaubte - ausnahmsweise - Verlängerung der Vorlagefrist gem. Art. 44 lit. (a) ERA bewirkt im Regelfall nur eine überaus kurzfristige Verlängerung der vertraglichen Bindung. Die Zeitdauer der Verpflichtung ist auch dann kalkulierbar, wenn es zu einer erlaubten Fristverlängerung kommt. Hier verfällt das Akkreditiv an dem unmittelbar auf die Schließung der Bank folgenden Werktag, der sich einfach anhand des Kalenders bestimmen läßt. Die einzige Ausnahme hiervon ist der Fall, daß die Bank aus eigener Entscheidung ihre Schalter nicht geöffnet hält. In diesem Fall ist die Dauer der akkreditivrechtlichen Haftung zwar nicht von vornherein bestimmbar, jedoch für die Bank kontrollierbar.

Im Gegensatz zu der allgemeinen bzw. von der Bank selbst ausgelösten Unterbrechung der Geschäftstätigkeit begründet eine Schließung der Bank in den Fällen des Art. 17 ERA eine zeitlich unbefristete, für die Banken unbeeinflußbare und nicht kalkulierbare Verlängerung ihrer Haftung. Diese widerspricht aber dem Charakter der akkreditivrechtlichen Verpflichtung und soll deshalb mittels Art. 17, 44 lit. (a) ERA vermieden werden.[246] Dabei

---

245 siehe Erster Teil, Abschnitt 3.1

246 Nielsen, ERA Rn. 291

kommt es nicht darauf an, welche rechtliche Qualität das zu einer potentiellen Haftungsverlängerung führende Ereignis hat. Für die unerwünschte, systemfremde Haftungsverlängerung ist es irrelevant, ob Unruhen, Aufruhr etc. gleichzeitig ein Ereignis höherer Gewalt darstellen, zumal eine entsprechende Feststellung für die Bank kaum ohne detaillierte Prüfung zu treffen wäre.

Entsprechend der Intention der ERA bezweckt Art. 17 ERA internationale Vereinheitlichung und damit Rechtsklarheit. Dies kann aber nur erreicht werden, indem für die von Art. 17 ERA genannten Ereignisse grenzüberschreitend einheitliche Maßstäbe gelten. Mit seiner Aufzählung dieser Situationen setzt Art. 17 ERA einen international einheitlichen Mindeststandard. Wären die von Art. 17 ERA konkret bezeichneten Sachverhalte unter den jeweils anwendbaren nationalen Begriff der höheren Gewalt zu subsumieren, wären die Banken lokalen, unterschiedlich strengen Regelungen unterworfen. Während eine Bank aufgrund des für sie geltenden flexibleren Begriffs der höheren Gewalt eine großzügigere Entlassung aus ihrer Haftung in Anspruch nehmen könnte, müßte die andere bei gleicher Sachlage weiter aus dem Akkreditiv haften, nur weil das auf ihre Verpflichtung anwendbare nationale Recht strengere Maßstäbe anlegt.

Deutlichstes Beispiel für die außerhalb des Geltungsbereichs der ERA international uneinheitliche Handhabung der von Art. 17 ERA genannten Ereignisse - und deshalb auch Grund für ihre besondere Herausstellung[247] - sind Streiks und Aussperrungen. Im deutschen Recht und auch in ausländischen Rechtsordnungen ist überaus umstritten, ob und unter welchen Umständen Arbeitskampfmaßnahmen als höhere Gewalt anzusehen sind.[248] Die Untersuchung der Unterbrechung der Geschäftstätigkeit der Banken aufgrund von Arbeitskampfmaßnahmen unter dem Aspekt, ob diese nach den örtlichen Besonderheiten des anwendbaren Rechts als höhere Gewalt angesehen werden, führt von Rechtsordnung zu Rechtsordnung zu völlig unterschiedlichen Ergebnissen.

Mit der Benennung der konkret bezeichneten Sachverhalte gewährleistet Art. 17 ERA ein gewisses Maß an international einheitlicher Handhabung. Andere als die genannten Situationen können über den Begriff der höheren Gewalt erfaßt werden. Allerdings existiert keine international einheitliche Definition der höheren Gewalt, so daß für diese weiteren Sachverhalte auf

---

247 Balossini S. 288; Ventris S. 22; Wheble JBusL 1975, 283

248 vgl. Erster Teil, Abschnitt 3.2 und die rechtsvergleichenden Darstellungen bei von Beringe DB 1963, 757 ff; Hohn DB 1965, 506

die Grundsätze der höheren Gewalt des jeweils anwendbaren nationalen Rechts abzustellen ist.

Während höhere Gewalt ein in den einzelnen Rechtsordnungen in bestimmter Weise definierter Rechtsbegriff ist, ist "Ursachen außerhalb der Kontrolle der Banken" mit keiner juristischen Bedeutung belegt und rein deskriptiver Natur. Hiermit kann grundsätzlich alles erfaßt werden, was nicht vom Schuldner zu vertreten ist.[249] "Ursachen außerhalb der Kontrolle der Banken" mutet deshalb an, weiter als der Begriff "höhere Gewalt" zu sein. Auch seine Nennung neben dem der höheren Gewalt und der konkret bezeichneten Tatbestände im Wege der Gleichordnung, legt nahe, die Aufzählung derart zu verstehen, daß hiermit ein neuer, weitergehender Tatbestand geschaffen werden soll und alle zur Unterbrechung der Geschäftstätigkeit der Banken führenden Sachverhalte erfaßt werden sollen, die von den Banken nicht verursacht sind.[250] Ursachen außerhalb der Kontrolle der Banken wäre hiernach als Auffangtatbestand zu lesen.

Dies würde aber bedeuten, daß es auf die Tatbestandsmerkmale der höheren Gewalt nicht ankommt, da die Qualifikation eines Ereignisses als höhere Gewalt stets voraussetzt, daß dieses vom Schuldner unbeeinflußt ist. Alles was unter höhere Gewalt subsumiert werden kann, wäre bereits als Ursache außerhalb der Kontrolle der Bank anzusehen; die Bezugnahme auf höhere Gewalt wäre vollkommen überflüssig.

Aus der Art der Aufzählung der Sachverhalte, die durchaus beabsichtigt ist, wie die besondere Herausstellung der arbeitsrechtlichen Tatbestände zeigt, lassen sich ebenfalls Schlüsse dafür ableiten, daß der umschreibende Tatbestand "Ursachen außerhalb der Kontrolle der Banken" kein Auffangtatbestand für alle von den Banken nicht verursachten Unterbrechungen ihrer Geschäftstätigkeit ist. "Ursachen außerhalb ihrer Kontrolle" bildet den Abschluß der Aufzählung, die mit höherer Gewalt beginnt, und macht damit deutlich, daß diese Aufzählung nicht abschließend ist. Andere Tatbestände müssen im Sinne der ejusdem generis Regel den genannten Tatbeständen entsprechen und damit auch dem der höheren Gewalt.[251] Daß von Art. 17 ERA nicht sämtliche Ereignisse erfaßt werden, die ohne Einflußnahme der Bank zur Unterbrechung ihrer Geschäftstätigkeit führen, zeigt auch die offizielle Überschrift des Art. 17 ERA als "höhere Gewalt".

---

[249] so von Westphalen WM 1980, 182

[250] Balossini S. 288

[251] Hedley S. 281; Ventris S. 22

Soweit sich ein die Geschäftstätigkeit der Banken beeinträchtigendes Ereignis nicht unter die konkret bezeichneten Sachverhalte subsumieren läßt, hat es die vom jeweils anwendbaren nationalen Recht geforderten Tatbestandsmerkmale der höheren Gewalt zu erfüllen, um den Banken ein Recht zur Verweigerung der Honorierung des Akkreditivs bei Wiederaufnahme ihrer Geschäftstätigkeit zu geben.

2.3.3 Auslegung des Art. 17 ERA anhand seiner historischen Entwicklung

2.3.3.1 Erstfassung der ERA 1933

Die ursprüngliche Fassung der ERA war das Ergebnis des siebten Kongresses der ICC in Wien im Jahre 1933.[252] Bereits die Erstfassung der ERA enthielt in Art. 13 die folgende Regelung:

> Die Banken übernehmen keine Haftung oder Verantwortung für Folgen der Unterbrechung ihrer Geschäftstätigkeit durch behördliche Anordnungen oder durch Streiks, Aussperrungen, Unruhen, Kriege, höhere Gewalt und andere Ursachen außerhalb ihrer Kontrolle. Auf Grund von Akkreditiven, die während einer solchen Unterbrechung ihrer Geschäftstätigkeit ablaufen, können die Banken nach Ablauf der Gültigkeit

---

[252] Bereits vor den Bestrebungen der ICC zur Erarbeitung der ERA haben sich die Mitglieder der Vereinigung Berliner Banken und Bankiers, der sog. Berliner Stempelvereinigung, um die Aufstellung einheitlicher Richtlinien für die Behandlung von Akkreditiven bemüht. Ergebnis war das am 1. Januar 1923 in Kraft getretene "Regulativ für das Akkreditivgeschäft der Berliner Stempelvereinigung"(abgedruckt in Bank-Archiv 1922/23, 108 ff; revidierte Fassung 1930 abgedruckt in Bank-Archiv 1930/31, 419) welches bereits eine Freizeichnungsklausel für unkontrollierbare Ereignisse enthielt (vgl. dazu Ebertsheim JW 1923, 915). Ähnliche 'Vorläufer' der ERA fanden sich in Frankreich (clauses des modalités applicable aux ouverture des crédits documentaires adoptées par l'Union Syndicale des Banques de Paris et de la Province vom 14. Januar 1924), Österreich (Geschäftsbestimmungen für das Warenakkreditiv der Wiener Banken) und auch in den USA (Regulations adopted by the New York Bankers' Commercial Credit Conference of 1920) (vgl. Preisig SchweizJZ 1926, 354). Da aber keine dieser Regelungen Art. 13 der ERA 1933 inhaltlich in besonderer Weise beeinflußt hat, wird auf ihre Erörterungen verzichtet.

> keine Leistungen bewirken, sofern sie hierzu nicht besonders ermächtigt werden.[253]

Diese Erstfassung der Freizeichnungsklausel ähnelt stark ihrer heutigen Version. Die Abweichungen im Wortlaut sind geringfügig und zum Teil durch den Stand der Technik des Dokumentenakkreditivgeschäfts bedingt, wie z. B. die erst spätere Verbreitung des Akkreditivs mit hinausgeschobener Zahlung.

2.3.3.2 Revision 1951

In den 50er Jahren wurde aufgrund der sich seit der Erstfassung der ERA gewandelten Handelspraktiken erstmals eine Überarbeitung der ERA für notwendig gehalten.[254] Die höhere Gewalt Klausel in Art. 13 wurde nahezu identisch beibehalten:

> Die Banken übernehmen keine Haftung oder Verantwortung für Folgen der Unterbrechung ihrer Geschäftstätigkeit durch behördliche Anordnungen oder durch Streiks, Aussperrungen, Unruhen, Kriege und alle Fälle höherer Gewalt. Auf Grund von Akkreditiven, die während einer solchen Unterbrechung des Geschäftes ablaufen, können die Banken nach Ablauf der Gültigkeit keine Leistungen bewirken, sofern sie hierzu nicht besonders ermächtigt werden.

Auffällig ist, daß die Bezeichnung von Ursachen außerhalb der Kontrolle der Bank entfallen ist und neben den konkret bezeichneten Sachverhalten nur noch auf höhere Gewalt abgestellt wird. Stellungnahmen der Literatur liegen soweit ersichtlich nicht vor, was den Schluß nahelegt, daß in der Überarbeitung keine inhaltliche Veränderung der Klausel gesehen wurde. Dies wiederum unterstützt die Auslegung des heutigen Art. 17 ERA, daß "Ursachen außerhalb der Kontrolle der Banken" kein über höhere Gewalt hinausgehender Auffangtatbestand ist.

---

[253] Übersetzung der Verfasserin. Die Erstfassung der ERA lag nur in englischer Sprache vor. Auf die Verwendung der bei Gafner, S. 92 ff. abgedruckten Übersetzung aus dem Französischen wurde verzichtet, da es sich dabei um eine nicht offizielle Übersetzung handelt

[254] Wiele S. 23; Vanderhoeght S. 12; Marasinghe S. 520

2.3.3.3 Revision 1962

In den auf die Revision 1951 folgenden Jahren wurde die Praxis erstmals gewahr, daß bestimmte Artikel der ERA interpretationsbedürftig sind. Anstelle einer erneuten Revision gab der Ausschuß für Banktechnik und Bankrecht der ICC 1957 eine Kommentierung für die die ERA verwendenden Banken heraus, die Auslegungsfragen lösen sollte. Diese wurde von einer Umfrage bei den Landesgruppen der ICC zu Schwierigkeiten bei der Anwendung der ERA gefolgt und resultierte schließlich in einer weiteren Neufassung der ERA.[255]

Die Revision 1962 war bestrebt, die ERA an die Weiterentwicklung der Handelspraktiken anzupassen und vor allem Rechtssicherheit durch deutlichere Ausarbeitung der Verpflichtungen der Parteien zu schaffen.[256] Gemein mit den früheren Fassungen der ERA ist ihr das Bemühen um die Vergrößerung des räumlichen Anwendungsbereichs der ERA durch Erzielung nationaler Akzeptanz der ERA.[257]

Bei der Beratung zur Neufassung der ERA wurde der Vorschlag vorgebracht, die Freizeichnungsklausel nicht nur bei Unterbrechung der Geschäftstätigkeit der Banken anzuwenden, sondern auf Betriebsbehinderungen auszuweiten. Dieser konnte sich aber nicht durchsetzen.[258]

In der Revision der ERA von 1962 wurde die Regelung zur höheren Gewalt zu Art. 11 und lautete wie folgt:

> Die Banken übernehmen keine Haftung oder Verantwortung für die Folgen der Unterbrechung ihrer Geschäftstätigkeit durch Streiks, Aussperrungen, Unruhen, Aufruhr, Aufstand, Kriege, Fälle höherer Gewalt oder irgendwelche anderen Ursachen, die außerhalb ihrer Kontrolle liegen. Sofern sie hierzu nicht besonders ermächtigt sind, nehmen die Banken nach Ablauf der Gültigkeitsdauer von Akkreditiven, die während

---

[255] Regling Bank-Betrieb 1961, 14; ders. Bank-Betrieb 1962, 143

[256] Eisemann AWD 1963, 139; Schinnerer ZfRV 1963, 214; Regling Bank-Betrieb 1962, 143; Zahn, Zahlung und Zahlungssicherung (1968) S. 5

[257] Eberth RIW/AWD 1975, 365; ders. WM 1984 Sonderbeilage 4, 3; Schinnerer ZfRV 1963, 217

[258] Regling Bank-Betrieb 1961, 15

> einer solchen Unterbrechung der Geschäftstätigkeit verfallen, keine Zahlung, Akzeptleistung oder Negoziierung vor.

Die noch in der Vorfassung enthaltene Bezugnahme auf behördliche Anordnungen wurde gestrichen und ist seit der Revision 1962 auch nicht mehr aufgegriffen worden. Neu sind die haftungsbefreienden Sachverhalte Aufruhr und Aufstand. Wie bereits in der Erstfassung der ERA wird erneut auf Ursachen außerhalb der Kontrolle der Bank Bezug genommen.

Obwohl es naheliegend erscheint, daß durch die Streichungen und Ergänzungen der Freizeichnungsklausel inhaltliche Veränderungen beabsichtigt sind, wird angenommen, daß die Revision des Art. 11 gegenüber der Vorfassung der Klausel keine derartigen Änderung mit sich gebracht hat.[259] Weder der Verzicht auf die Erwähnung von Maßnahmen hoher Hand noch die Rückkehr zu "Ursachen außerhalb der Kontrolle der Banken" wird als inhaltliche Änderung wahrgenommen. Die inhaltliche Bedeutungslosigkeit der erneuten Aufnahme in ihren Tatbestand bestätigt erneut, daß alle hierunter fallenden Ereignisse bereits von der Vorfassung der Klausel erfaßt waren und deshalb hiermit kein separater Auffangtatbestand geschaffen werden sollte.

2.3.3.4 Revision 1974

Die Neufassung der ERA in 1974 hatte zur Zielsetzung, den Auftraggeber verstärkt zur Abgabe vollständiger und präziser Weisungen für die Akkreditiveröffnung anzuhalten, und war vor allem durch die Notwendigkeit bedingt, die ERA an die Entwicklung im Transportwesen und neue Beförderungssysteme, insbesondere den Containerverkehr und den kombinierten Transport, anzupassen. Ziel der Revision in 1974 war es aber auch, in der Praxis aufgetretene Schwierigkeiten bei der Anwendung bestimmter Klauseln der ERA durch inhaltliche Klarstellung zu beseitigen.[260] Auch Art. 11 ERA wurde im Zuge der Revision wie folgt überarbeitet:

> Die Banken übernehmen keine Haftung oder Verantwortung für die Folgen der Unterbrechung ihrer Geschäftstätigkeit

---

[259] Eisemann AWD 1963, 140; Schinnerer ZfRV 1963, 217

[260] Eberth RIW/AWD 1975, 365; Müller Bank-Betrieb 1975, 307; Bontoux, Liber Amicorum Eisemann S. 164; Wheble JBusL 1975, 283; Axworthy JBusL 1971, 38; Marasinghe S. 520; Liesecke WM 1976, 259; Eisemann, Festschrift für Bärmann S. 268 ff.

> durch Fälle höherer Gewalt, Unruhen, Aufruhr, Aufstand, Kriege oder irgendwelche andere Ursachen, die außerhalb ihrer Kontrolle liegen, sowie durch irgendwelche Streiks oder Aussperrungen. Sofern sie hierzu nicht ausdrücklich ermächtigt sind, nehmen die Banken nach Ablauf der Gültigkeitsdauer von Akkreditiven, die während einer solchen Unterbrechung der Geschäftstätigkeit verfallen, keine Zahlung, Akzeptleistung oder Negoziierung vor.

Hier wurde die Reihenfolge der Freizeichnungtatbestände in die Form gebracht, die auch heute noch gilt. Die arbeitsrechtlichen Tatbestände wurden separat als letzte Tatbestände der Aufzählung genannt. Hiermit sollten Zweifel daran, ob und unter welchen Umständen Streik und Aussperrung außerhalb der Einflußsphäre der Bank liegende Ereignisse sind, beseitigt werden.[261] Daß es nicht darauf ankam, ob Arbeitskampfmaßnahmen als Ursachen außerhalb der Kontrolle der Bank bzw. höhere Gewalt anzusehen sind, wurde offenbar auch schon vor der Revision angenommen, da die allg. M. in der Literatur die Überarbeitung des Art. 11 ERA nur als eine redaktionelle Änderung ansieht.[262]

2.3.3.5 Revision 1983

Wie auch bei der Revision 1974 wurde die Revision der ERA in 1983 nötig, um die ERA an den Stand der Technik im Beförderungswesen, aber auch bei der Nachrichtenübermittlung und Dokumentenausstellung anzupassen.[263] Ziel der Revision war es aber auch, Auslegungsschwierigkeiten zu beseiti-

---

261 Wheble JBusL 1975, 283; Eisemann in Rechtsfragen zum Dokumenten-Akkreditiv S. 17

262 Slongo S. 68 ff.; vgl. auch Eberth RIW/AWD 1975, 365 f., der die Überarbeitung des Art. 11 nicht einmal bei Kommentierung der Regelungen erwähnt, die lediglich einer klarstellenden Änderung unterlagen; oder auch Müller Bank-Betrieb 1975, 307 ff., dem die Neuregelung des Art. 11 ebenfalls nicht erwähnenswert erschien; ebenso Eisemann, Festschrift für Bärmann S. 270 ff.

263 Eberth WM 1984 Sonderbeilage 4, 4; Döll Die Bank 1984, 431; Schmitthoff JBusL 1983, 193; Gutzwiller SchweizAG 1985, 24; H.-C. Hartmann S. 12; Marasinghe S. 520

gen und das sich neu verbreitende Deferred Payment Akkreditiv in den ERA zu berücksichtigen.[264]

Die Revisionen der ERA in 1983 führte zu einer Neunummerierung der Vorschriften einschließlich der höhere Gewalt Klausel, die zu Art. 19 wurde:

> Die Banken übernehmen keine Haftung oder Verantwortung für die Folgen der Unterbrechung ihrer Geschäftstätigkeit durch Fälle höherer Gewalt, Unruhen, Aufruhr, Aufstand, Krieg oder irgendwelche andere Ursachen, die außerhalb ihrer Kontrolle liegen sowie durch irgendwelche Streiks oder Aussperrungen. sofern sie hierzu nicht ausdrücklich ermächtigt sind, übernehmen die Banken bei Wiederaufnahme ihrer Geschäftstätigkeit unter Akkreditiven, die während einer solchen Unterbrechung ihrer Geschäftstätigkeit verfallen sind, keine Verpflichtung zur hinausgeschobenen Zahlung, oder nehmen keine Zahlung, Akzeptleistung oder Negoziierung vor.

Von der Überarbeitung war allein der Wortlaut des zweiten Satzes betroffen. Klarstellend wurde eingefügt, daß die Banken bei Verfall des Akkreditivs während der Unterbrechung ihrer Geschäftstätigkeit keine Verpflichtung zur hinausgeschobenen Zahlung übernehmen. Diese Änderung war lediglich Folge der Berücksichtigung von Akkreditiven mit hinausgeschobener Zahlung in der Revision von 1983.

Wie schon die früheren Revision wurde auch diese nur als redaktionelle Überarbeitung der Freizeichnungsklausel angesehen.[265]

---

264 Eberth WM 1984 Sonderbeilage 4, 4; Döll Die Bank 1984, 431; Schmitthoff JBusL 1983, 195; Gutzwiller SchweizAG 1985, 28

265 Nielsen ZIP 1984, 239; Pinzer, Kreditpraxis 1984, Heft 4, 25; vgl. Eberth WM 1984 Sonderbeilage 4, 12 f., der neugefaßte Art. 19 findet bei Erläuterung der Vorschriften der ERA zur Haftung und Verantwortlichkeit keine Erwähnung; ebenso Döll Die Bank 1984, 432 ff. und Holtij Bank-Information 1983, Heft 8, 17 ff., die trotz ausführlicher Kommentierung der Revision auf Art. 19 ERA nicht einmal als aus Klarstellungsgründen überarbeitete Regelung Bezug nehmen.

2.3.3.6 Revision 1993

Zielsetzung der jüngsten Revision der ERA war - wie auch bei den früheren Revisionen - die Klärung von Streitfragen, die in der Praxis aufgetaucht waren, insbesondere die Klarstellung der Haftung der eröffnenden und bestätigenden Bank, und vornehmlich die Überarbeitung der Regelungen über die Aufnahmefähigkeit von Transportdokumenten.[266]

Die gegenwärtig gültige Fassung, die die Regelung zur höheren Gewalt zu Art. 17 machte, wurde eingeführt:

> Die Banken übernehmen keine Haftung oder Verantwortung für die Folgen der Unterbrechung ihrer Geschäftstätigkeit durch Fälle höherer Gewalt, Unruhen, Aufruhr, Aufstand, Kriege oder irgendwelche anderen Ursachen, die außerhalb ihrer Kontrolle liegen, sowie durch irgendwelche Streiks oder Aussperrungen. Sofern sie hierzu nicht ausdrücklich ermächtigt sind, werden die Banken bei Wiederaufnahme ihrer Geschäftstätigkeit unter Akkreditiven, die während einer solchen Unterbrechung ihrer Geschäftstätigkeit verfallen sind, nicht zahlen, keine Verpflichtung zur hinausgeschobenen Zahlung übernehmen, keine Tratten akzeptieren bzw. nicht negoziieren.

Wie schon die älteren Überarbeitungen brachte die Revision 1993 keine inhaltliche Neuregelung der höhere Gewalt Klausel mit sich, sondern nur stilistische Veränderungen.[267]

2.3.3.7 Ergebnis

Der Wortlaut der Regelung der ERA zur höheren Gewalt wurde bei jeder Revision der ERA zumindest geringfügig verändert. In den einzelnen Abänderungen wurden von der Literatur zumeist keine inhaltlichen Änderungen gesehen, sondern lediglich Überarbeitungen redaktioneller oder stilistischer Art.

---

266 ICC Publikation Nr. 500 S. 9; Nielsen WM 1993 Sonderbeilage 3, 31; ders. WM 1944 Sonderbeilage 2, 3; Ellinger JBusL 1994, 28 ff.; Marasinghe S. 522 f.

267 Stapel S. 187; Nielsen ERA Rn. 122; ders. WM 1994 Sonderbeilage 2, 13; Jack Rn. 4.16

Die geringe Anzahl von Kommentierungen der verschiedenen Änderungen der höhere Gewalt Klausel deutet daraufhin, daß sich ihr Verständnis in der Literatur nicht verändert hat. Insbesondere die nicht vorhandene Kommentierung der weitreichendsten Änderung ihres Wortlauts durch die Revisionen 1951 und 1962, durch die der Tatbestand "Ursachen außerhalb der Kontrolle der Bank" zuerst gestrichen und sodann wieder eingeführt worden ist, belegt, daß hiermit nicht ein Auffangtatbestand für all diejenigen Fälle geschaffen werden soll, die nicht unter den Tatbestand höhere Gewalt subsumiert werden können. Die von der Literatur angenommene Bedeutungslosigkeit des Streichens bzw. Hinzufügens dieses Tatbestands zeigt vielmehr, daß die von ihm erfaßten Fälle bereits von anderen Tatbestandsalternativen, d. h. der der höheren Gewalt erfaßt sind.

Die besonderen umstrittenen Tatbestände der Arbeitskämpfe wurden bei der Revision der ERA in 1974 räumlich von den restlichen Tatbeständen getrennt, um zu vermeiden, daß diese nur dann zu einer Beendigung der Haftung führen, wenn sie als höhere Gewalt anzusehen sind. Die Veränderung der Reihenfolge der Tatbestände der Freizeichnungsklausel bei der Revision 1974 belegt, daß die konkret bezeichneten Ereignisse nicht zusätzlich die Voraussetzungen der höheren Gewalt erfüllen müssen.

2.3.4 Untersuchung der englischen Originalfassung des Art. 17 ERA

Die offizielle von der ICC verwendete Sprache der ERA ist englisch. Bis auf die französische Übersetzung, die von der ICC autorisiert ist und in der auch die Erstfassung der ERA und die Revision 1951 veröffentlicht wurden, sind alle anderssprachigen Übersetzungen der ERA Privatarbeiten, die zumeist von den nationalen Bankenverbänden veranlaßt wurden.

Ob die Heranziehung der englischen Originalfassung zur Interpretation der ERA zulässig ist, ist streitig. Hiergegen wird eingewandt, daß die Parteien, die sich auf die Geltung der ERA einigen, nur eine bestimmte sprachliche Fassung der ERA der Akkreditiveröffnung zugrunde legen und die ERA damit in dieser Sprache zum Vertragsinhalt werden. Andere sprachliche Abfassungen sind den Parteien nicht bekannt und können deshalb nicht Grundlage einer Auslegung sein.[268]

Dem ist entgegenzuhalten, daß für die Ermittlung des Sinngehalts der ERA und der Absichten der ICC nur die Originalfassung der ERA herangezogen werden kann, da die anderssprachigen Fassungen von Dritten erstellt werden

[268] Canaris Rn. 933

und die Erarbeitung der Übersetzung Raum für eigene Interpretation und Wortwahl läßt. Sie können der ICC nicht zugerechnet werden. Für die objektive Auslegung der Bedeutung einzelner Klauseln ist es daher unerläßlich, die englische Fassung der ERA heranzuziehen.[269]

Die englische Fassung des Art. 17 ERA lautet:

> **Force Majeure**
>
> Banks assume no liability or responsibility for the consequences arising out of the interruption of their business by Acts of God, riots, civil commotions, insurrections, wars or any other causes beyond their control, or by any strikes or lockouts. Unless specifically authorized, banks will not, upon resumption of their business, pay, incur a deferred payment undertaking, accept Draft(s) or negotiate under Credits which expired during such interruption of their business.

Die Bedeutung der von Art. 17 ERA gewählten Art der Aufzählung wird insbesondere bei Untersuchung der englischen Originalfassung deutlich.

Act of God ist im deutschen mit höhere Gewalt übersetzt, was terminologisch nicht ganz richtig ist.[270] Als Act of God werden im englischen Recht lediglich von menschlicher Einwirkung unabhängige Naturereignisse bezeichnet. Act of God ist deshalb im Verhältnis zur höheren Gewalt des deutschen Rechts ein engerer Tatbestand. Die Übersetzung des Begriffs Act of God mit höherer Gewalt läßt sich dadurch erklären, daß in der deutschen juristischen Terminologie kein dem Act of God vergleichbarer Begriff zur Verfügung steht. Dennoch sind die deutsche und englische Fassung des Art. 17 ERA inhaltlich bedeutungsgleich.

Die Verwendung des Begriffs Force Majeure wäre in der englischen Fassung untauglich, da dieser zu unbestimmt und der englischen juristischen Terminologie systemfremd ist. Dennoch lautet die offizielle Originalüberschrift des Art. 17 ERA "Force Majeure". Gerade deren Bedeutung zu bestimmen, ist der Sinn der Aufzählung, die mit dem Tatbestand Act of God beginnt. Da für Force Majeure keine allgemeingültige Definition existiert, ist ihre Bedeutung anhand konkreter Situationen zu illustrieren. Die engli-

---

269 Schinnerer/Avancini S. 2; Schinnerer ZfRV 1963, 212 f.; ders. ÖstBank-Archiv 1984, 234

270 vgl. Erster Teil, Abschnitt 2.2

sche Originalfassung belegt, daß Ursachen außerhalb der Kontrolle der Banken kein allgemeiner Auffangtatbestand für alle nicht zu vertretenden Umstände ist. Er zeigt lediglich, daß die Aufzählung nicht abschließend ist, und erfaßt im Sinne der ejusdem generis rule ausschließlich solche Tatbestände, die den vorgenannten entsprechen.[271]

2.4 Nicht vom Wortlaut des Art 17 ERA erfaßte Sachverhalte

2.4.1 Höhere Gewalt in der Sphäre des Begünstigten

Art. 17 ERA regelt nicht den Fall, daß der Begünstigte unverschuldet an der Einhaltung der Vorlagefrist der Dokumente gehindert ist. Herrscht z. B. Krieg und ist es dem Begünstigten nicht möglich, die akkreditivgerechten Dokumente der weiterhin geöffneten Zahlstelle innerhalb der Vorlagefrist zu präsentieren, könnte der Begünstigte nach deutschem Recht grundsätzlich einen Fall höherer Gewalt für sich in Anspruch nehmen, vorausgesetzt dessen sonstige Tatbestandsmerkmale sind erfüllt.

Das Dokumentenakkreditiv soll es den beteiligten Parteien ermöglichen, ein Zahlungsmittel bzw. eine Zahlungssicherheit zu erhalten, deren berechtigte Realisierung in einfacher Form mit großer Richtigkeitsgewähr, nämlich durch Vornahme einer rein formalistischen Prüfung, möglich ist.[272] Für die Banken ist die materielle Berechtigung des Zahlungsanspruchs irrelevant; sie nehmen aus diesem Grund keine Feststellungen vor, die den materiellrechtlichen Anspruch des Begünstigten betreffen, sondern stützen ihre Zahlung ausschließlich auf den positiven Abschluß der Prüfung der vorgelegten Dokumente und die Rechtzeitigkeit ihrer Vorlage. Die Bank darf und muß sich bei der Prüfung, ob das Akkreditiv zu honorieren ist, ausschließlich am Wortlaut des Akkreditivs und der Dokumente orientieren. Sie hat keinen Einblick in die Sphäre der Parteien und damit kaum eine Beurteilungsmöglichkeit, ob eine Abweichung von den Akkreditivbedingungen, insbesondere von deren zeitlichen Vorgaben gerechtfertigt ist und diese die Interessen der beteiligten Parteien beeinträchtigt.[273]

---

[271] vgl. Hedley S. 281; Marasinghe S. 527

[272] Lenz EuZW 1991, 298; von Westphalen RIW 1994, 455; Ulrich S. 154; Raith S. 91; Nuissl Rn. 179; de Rooy S. 115; Horn/von Marschall/Rosenberg/Pavicevic S. 15; Gautschi SchweizJZ 1943, 223; Erman, Festschrift für Rittershausen S. 264

[273] zu den Grundsätzen der Auftrags- und Dokumentenstrenge: BGH WM 1971, 159; Nielsen in Schimansky/Bunte/Lwowski § 120 Rn. 146; Schütze WM 1963, 578;

Könnte der Begünstigte sich bei verspäteter Vorlage der Dokumente auf höhere Gewalt berufen, müßte die Bank einen Sachverhalt prüfen, der über den ihr zugewiesenen Prüfungsrahmen hinausgeht. Abgesehen davon, daß die Bank in den meisten Fällen zu einer solchen Prüfung rein faktisch nicht in der Lage ist, müßte sie die Rolle eines "Schiedsrichters"[274] einnehmen und über Umstände entscheiden, die für die materielle Berechtigung des Begünstigten relevant sind.[275] Der Bank soll aber weder eine solche Untersuchung der materiellen Berechtigung obliegen noch soll sie zum Hüter der Gerechtigkeit werden.

Auch wenn die Grundsätze der Auftrags- und Dokumentenstrenge vornehmlich im Zusammenhang mit der Vollständigkeit und Übereinstimmung der Dokumente mit dem Wortlaut des Akkreditivs diskutiert werden, gelten sie doch gleichermaßen für alle anderen Maßgaben des Akkreditivs, insbesondere dessen zeitliche Vorgaben.[276] Die Entscheidung der Bank, vom expliziten Wortlaut des Akkreditivs abzuweichen, ist deshalb auch hinsichtlich der Zeitbestimmungen unzulässig. Sie steht im Widerspruch zum Grundsatz der Auftrags- und Akkreditivstrenge.[277]

Ermessensentscheidungen oder Entscheidungen, die über die eigentliche Dokumentenprüfung hinausgehende Untersuchungen erforderlich machen, sind durch die Revisionen der ERA immer weiter zurückgedrängt worden, um die Praktikabilität und Rechtssicherheit des Dokumentenakkreditivs zu gewährleisten.[278] Den Banken eine eigene Entscheidung über eine Verlängerung des Akkreditivs zu überlassen, bedeutet die Zahlung von deren subjektiven Feststellungen abhängig zu machen. Damit würde die Rechtssicherheit des Akkreditivs zunichte gemacht und letztlich das Instrument als solches

---

Vanderhoeght S. 29; Petersen WM 1962, 622; Nobbe Rn. 419; H.-C. Hartmann S. 86; Marasinghe S. 501

274 OLG Stuttgart WM 1979, 735; LG Stuttgart WM 1978, 1058 beide zur Bankgarantie

275 Nielsen ERA Rn. 291; Vanderhoeght S. 29; Driscoll Virginia Journal of International Law 20 (1980), 493; Zahn/Dahlmann S. 8 f.

276 Axworthy JBusL 1971, 47; H.-C. Hartmann S. 85

277 Eisemann, Dokumenten-Akkreditiv S. 67; Vanderhoeght S. 29; Nielsen in Schimansky/Bunte/Lwowski § 120. Rn. 146; de Rooy S. 116; J. Hartmann S. 45

278 Eisemann AWD 1963, 139; Liesecke WM 1976, 259; de Rooy S. 115 f.; Eberth RIW/AWD 1975, 369; Horn/von Marschall/Rosenberg/Pavicevic S. 12; Marasinghe S. 520; Liesecke WM 1976, 259

entwertet.[279] Hinzu kommt, daß sowohl der Akkreditivsteller als auch die Akkreditivbank eine zeitlich beschränkte Haftung aus dem Akkreditiv übernehmen wollen, die nicht aufgrund von Zufälligkeiten verlängert werden soll. Die Zulassung der Berufung des Begünstigten auf höhere Gewalt als Entschuldigungsgrund für eine verspätete Dokumentenvorlage, würde aber eine solche zufällige Verlängerung der Haftung aus dem Akkreditiv zur Folge haben.

Der Begünstigte kann sich deshalb gegenüber der Bank bei einer Verhinderung der fristgerechten Dokumentenvorlage nicht erfolgreich auf höhere Gewalt berufen.[280]

Dieses Ergebnis ist nicht unbillig. Möglicherweise ist die Ware noch nicht abgesandt und der Begünstigte kann die Verfügungsgewalt darüber wiedererlangen und die Ausstellung eines neuen Akkreditivs mit seinem Schuldner oder eine andere Art der Befriedigung und Besicherung seines Zahlungsanspruches vereinbaren. Zumindest aber behält der Begünstigte weiterhin seinen Zahlungsanspruch gegen seinen Schuldner aus dem Grundgeschäft.

Der Akkreditivsteller kann dem Begünstigten zwar bei Verfall des Akkreditivs ggf. Schadensersatzansprüche aufgrund dessen unterbliebener Benutzung entgegenhalten[281] und mit diesen gegen die Forderung des Begünstigten aufrechnen.[282] Hier ist der Begünstigte jedoch nicht mit seiner Berufung auf höhere Gewalt ausgeschlossen. Bei unverschuldeter Unmöglichkeit, das Akkreditiv fristgerecht in Anspruch zu nehmen, entfallen Schadensersatzansprüche des Schuldners, so daß der Begünstigte in diesem Rechtsverhältnis keinen unbilligen Nachteil trägt.

---

279 BGHZ 28, 130 f.; OLG München WM 1996, 2336; Eberth in Rechtsfragen zum Dokumenten-Akkreditiv S. 39; Zahn, Festschrift für Rittershausen S. 251 f.

280 Schinnerer/Avancini S. 74; im Ergebnis auch Nielsen WM 1993, Sonderbeilage 3, 28; ders. WM 1999, 2051; ders. in Schimansky/Bunte/Lwowski § 120 Rn. 163; Zahn/Eberding/Ehrlich Rn. 2/375; Raith S. 141; H.-C. Hartmann S. 85; Wolsing S. 112; Schütze WuB I H 2. - 2.94

281 Nobbe Rn. 424; ÖstOGH ÖstBA 1996, 962

282 Liesecke WM 1976, 259; Horn/von Marschall/Rosenberg/Pavicevic S. 16

2.4.2 Höhere Gewalt in der Sphäre der Bank, die nicht zu einer Unterbrechung ihrer Geschäftstätigkeit führt

Von geringer praktischer Relevanz ist der Fall, daß die Bank am Tag der fristgerechten Vorlage der Dokumente geöffnet, aber dennoch nicht in der Lage ist, die Dokumente anzunehmen. Hier gilt Art. 17 ERA seinem Wortlaut nach nicht.

Kann trotz Fortführung des Geschäftsbetriebs der Bank keine Annahme der Dokumente erfolgen, ist dies gleich dem Fall zu behandeln, daß der Geschäftsbetrieb der Bank unterbrochen ist. Der Begünstigte und die Bank finden sich in derselben Situation, als ob die Bank geschlossen wäre. Es macht für das Akkreditivgeschäft keinen Unterschied, ob die Bank überhaupt keine Bankgeschäfte bearbeitet oder nur die spezifische Tätigkeit der Annahme der Dokumente nicht ausführen kann. Auch hier soll die zeitliche Beschränkung der Verpflichtung aus dem Akkreditiv gewahrt bleiben. Die Regelung des Art. 17 ERA gilt entsprechend.

Hiervon zu unterscheiden ist die Situation, daß der Begünstigte zwar in der Lage ist, die Dokumente fristgerecht bei einer der in Art. 9 ERA bezeichneten Banken zu präsentieren, die Bank aber die Honorierung des Akkreditivs verweigert.

Der Fall, daß die Bank das Akkreditiv nach Vorlage akkreditivgerechter Dokumente nicht honorieren kann, etwa weil ihre Zahlungssysteme zusammengebrochen sind oder der klassische Fall vorliegt, daß der Bank aufgrund hoheitlicher Verfügung die Zahlung an den Begünstigten untersagt wird, wird von den ERA nicht geregelt. Insgesamt befassen die ERA sich nicht mit den Folgen des wirksam entstandenen Anspruchs auf Honorierung des Akkreditivs. Dies entspricht durchaus ihrer Intention, internationales Regelwerk für die Akkreditivabwicklung zu sein. Ihr Regelungsbereich muß mit dem Entstehen des Zahlungsanspruchs gegen die Bank enden. Dessen weiteres Schicksal gehört nicht zur Akkreditivabwicklung und ist deshalb auch nicht Inhalt der ERA. Dieser Bereich bleibt dem jeweils anwendbaren Gesetzesrecht überlassen.

Wird die Honorierung des Akkreditivs vollends unmöglich, etwa durch eine Verstaatlichung der Bank und damit einhergehender Einstellung der Zahlung auf Auslandsverbindlichkeiten, wird die Bank von ihrer Verpflichtung aus dem Akkreditiv frei, sofern die staatliche Maßnahme nach dem auf den Zahlungsanspruch anwendbaren Gesetzesrecht einen Fall höherer Gewalt darstellt. Bei einer nur vorübergehenden Einstellung der Zahlung, etwa weil die Zahlungssysteme der Bank zusammengebrochen sind, wird die Verpflichtung aus dem Akkreditiv suspendiert. Stellt der zur Unterbrechung führende Umstand nach dem anwendbaren Sachrecht einen Fall höherer Gewalt dar, haftet die Bank dem Begünstigten nicht auf den ihm ggf. entstandenen Verzögerungsschaden.

2.5 Anwendbarkeit des Begriffs der höheren Gewalt i. S. d. Art. 17 ERA auf andere Akkreditivverpflichtungen?

Art. 17 ERA bezieht sich nur auf die Zahlungsverpflichtung der Banken aus dem Akkreditiv, d. h. zum einen auf die Zahlungsverpflichtung gegenüber dem Begünstigten und zum anderen auf das Rechtsverhältnis zum Akkreditivsteller bzw. im Falle einer Zweitbank zur Akkreditivbank. Für die anderen Rechtsbeziehungen, insbesondere den Rückgriff zwischen den Banken gilt Art. 17 ERA nicht. Hier ist vorgeschlagen worden, die höhere-Gewalt-Definition des Art. 17 ERA entsprechend anzuwenden.[283]

Art. 17 ERA enthält einen priviligierenden Begriff der höheren Gewalt, da er es erlaubt, bestimmte Tatbestände der höheren Gewalt gleich zu behandeln, auch wenn diese vom anwendbaren Sachrecht nicht als höhere Gewalt angesehen werden. Diese Privilegierung resultiert daraus, daß die Banken vor einer unbestimmten Verlängerung ihrer akkreditivrechtlichen Haftung geschützt werden sollen und das Ende ihrer Verpflichtung einfach und ohne detaillierte juristische Prüfung feststellbar sein soll.

Der Akkreditivauftraggeber ist aber nicht in gleicher Weise schutzbedürftig. Auch ergibt sich keine sonstige Notwendigkeit, ihn bei seinen Verpflichtungen gegenüber der eröffnenden Bank zu privilegieren. Kann er der Akkreditivbank den Akkreditivbetrag nicht zur Verfügung stellen, darf er sich zwar auf höhere Gewalt berufen, jedoch nicht auf den günstigen Begriff der höheren Gewalt des Art. 17 ERA. Was hier als höhere Gewalt anzusehen ist, wird von dem zwischen ihm und der Akkreditivbank geltenden Recht bestimmt. Der günstige Begriff der höheren Gewalt des Art. 17 ERA gilt nur für die Feststellung der Entstehung des Anspruchs, nicht für dessen spätere Beschränkung.

Gleiches gilt für den Erstattungsanspruch der Banken nach Honorierung des Akkreditivs. Hier besteht keine Notwendigkeit, eine Unklarheitenregelung entsprechend der des Art. 17 ERA einzuführen, da es nicht gilt, wirksam entstandene Ansprüche in zeitlicher oder in anderer Form zu beschränken.

---

283 Schütze, Dokumentenakkreditiv Rn. 451

2.6 Zwischenergebnis

Die Auswirkungen von Ereignissen höherer Gewalt auf das Dokumentenakkreditiv sind zum Teil explizit in Art. 17 ERA geregelt, zum Teil einer ergänzenden Auslegung des Art. 17 ERA zu entnehmen und in bestimmten Situationen anhand des anwendbaren Gesetzesrechts zu bestimmen. Dabei sind die folgenden Situationen zu unterscheiden:

Führt das Ereignis höherer Gewalt zu einer Unterbrechung der Geschäftstätigkeit der Bank, gilt die Regelung des Art. 17 ERA. Liegt das Verfalldatum bzw. der letzte Tag der Vorlagefrist des Akkreditivs in dem Zeitraum, in dem die Bank geschlossen ist, endet die Verpflichtung aus dem Akkreditiv. Das Akkreditiv verfällt ungenutzt.

Bei Auswirkungen höherer Gewalt, die zwar eine Realisierung des Akkreditivs unmöglich machen, aber nicht zu einer Schließung der Bank führen, ist zu differenzieren.

Für Ereignisse, die die Tätigkeit der Bank überhaupt nicht berühren und ausschließlich auf die Sphäre des Begünstigten wirken, wie etwa Kriegsereignisse, die die Infrastruktur im Land des Begünstigten unterbrechen und den Begünstigten deshalb von einer rechtzeitigen Vorlage der Dokumente abhalten, gilt Art. 17 ERA nicht. Der Begünstigte kann sich nicht auf höhere Gewalt berufen. Das Akkreditiv verfällt aufgrund Zeitablaufs. Im Verhältnis zum Akkreditivsteller darf der Begünstigte sich bei Schadensersatzansprüchen aufgrund der unterlassenen Inanspruchnahme des Akkreditivs auf höhere Gewalt berufen. Die Feststellung, ob höhere Gewalt vorliegt, erfolgt aber anhand des anwendbaren Sachrechts.

Höhere Gewalt in der Sphäre der Bank, die jedoch nicht zur Unterbrechung ihrer Geschäftstätigkeit führt, wird von Art. 17 ERA ebenfalls nicht geregelt. Legt der Begünstigte die Dokumente rechtzeitig bei der Bank vor, ist diese aber aus anderen Gründen als der Unterbrechung ihrer Geschäftstätigkeit gehindert, das Akkreditiv zu honorieren, hat der Begünstigte alles erforderliche getan, um seinen Anspruch auf Honorierung des Akkreditivs zur Entstehung zu bringen. Die Regelungen der ERA enden mit Entstehung dieses Anspruchs. Dessen weitere Behandlung bleibt den anwendbaren gesetzlichen Vorschriften vorbehalten.

Für den - eher theoretischen - Fall, daß die Bank trotz Fortdauer ihres Geschäftsbetriebes die Dokumente nicht annehmen kann, gilt Art. 17 ERA entsprechend. Dieser Fall ist aufgrund identischer Interessenlage der Schließung der Bank gleich zu behandeln.

Art. 17 ERA gilt auch bei analoger Anwendung nur für den Zahlungsanspruch des Begünstigten gegen die Bank. Störungen des Akkreditivs, die andere Rechtsverhältnisse betreffen, sind anhand des für sie geltenden Rechts zu beurteilen.

3 Feststellung des anwendbaren Rechts

Trotz der Regelung des Art. 17 ERA kommt es im Verhältnis zwischen dem Begünstigten und den Banken in allen Fällen, die nicht explizit in Art. 17 ERA genannt sind, auf die Prüfung der Voraussetzungen der höheren Gewalt an. Auf diese ist ebenfalls abzustellen für den mit fristgerechter Vorlage akkreditivkonformer Dokumente entstandenen Zahlungsanspruch des Begünstigten, der aufgrund Berufung der Bank auf höhere Gewalt nicht realisiert werden kann, oder bei Störungen anderer Rechtsverhältnisse des Akkreditivs. Wann höhere Gewalt vorliegt, richtet sich gemäß Art. 32 Abs. 1 Nr. 3 EGBGB nach dem auf die betroffene Verpflichtung anwendbaren Sachrecht.[284] Relevant ist deshalb die Feststellung des jeweiligen Vertragsstatuts. Teilweise wurde in der Literatur angenommen, daß es sich bei der Bestimmung des auf das Akkreditiv anwendbaren Rechts um eine in der Praxis untergeordnete Frage handelt.[285] Die Anzahl der in jüngerer Zeit zu kollisionsrechtlichen Fragen im Zusammenhang mit dem Dokumentenakkreditiv ergangenen Entscheidungen[286] ist verhältnismäßig gering, vermag aber keine Aussage über die Bedeutung der Frage zu treffen. Unrichtig ist die Feststellung, daß keine kollisionsrechtliche Prüfung stattfinden muß, wenn die Parteien die Geltung der ERA vereinbart haben.[287] Bereits für die Feststellung, ob die ERA überhaupt wirksam Grundlage des Akkreditivs geworden sind, muß eine Feststellung des anwendbaren Rechts erfolgen. Die geringe Anzahl von Entscheidungen zum internationalen Privatrecht des Dokumentenakkreditivs ist eher eine Folge dessen, daß die Parteien nicht über das anzu-

---

[284] MüKo/BGB-Spellenberg Art. 32 EGBGB Rn. 27; Staudinger/Magnus Art. 32 EGBGB Rn. 54; Reithmann/Martiny Rn. 244

[285] von Caemmerer JZ 1959, 363; Lücke S. 266; Staudinger/Magnus Art. 28 EGBGB Rn. 554; Eisemann/Eberth S. 50 ("nicht von den ERA geregelter Randbereich")

[286] OLG Karlsruhe IPRax 1982, 102; LG Dortmund WM 1981, 280; OLG Köln IPRax 1996, 270; OLG Frankfurt DZWir 1997, 423; OLG Frankfurt WM 1992, 569; OLG Frankfurt WM 1988, 214 und 254

[287] so Kegel, Festschrift für Schmidt S. 240 f.

wendende Recht streiten mit der Konsequenz, daß das Gericht keine Untersuchung zum anwendbaren Recht anstellt.[288]

Die Bestimmung des Vertragsstatuts erfolgt anhand der allgemeinen Vorschriften des EGBGB. Ausgangspunkt ist die Prüfung des Vorliegens einer Rechtswahl der Parteien. Diese ist trotz einer Vielzahl von Hinweisen auf deren Nutzen[289] eher die Ausnahme. Haben die Parteien keine Rechtswahl getroffen, ist gemäß Art. 28 Abs. 1 EGBGB das Recht des Staates anzuwenden, zu dem das Rechtsverhältnis die engsten Verbindungen aufweist. Nach der Auslegungsregel des Art. 28 Abs. 2 EGBGB ist dies im Zweifel das Recht des gewöhnlichen Aufenthaltsortes bzw. bei juristischen Personen das Recht des Sitzes der Vertragspartei, die die charakteristische Leistung des Vertragsverhältnisses erbringt, bzw. das Sitzrecht ihrer Niederlassung, sofern diese die entsprechende Vertragsleistung erbringt.

Für das Akkreditiv kann keine einheitliche für das gesamte Geschäft geltende Feststellung des anwendbaren Rechts getroffen werden. Es müssen vielmehr die einzelnen Rechtsverhältnisse zwischen den jeweiligen Parteien separat untersucht werden, mit der Folge, daß für jedes Rechtsverhältnis eine eigene kollisionsrechtliche Feststellung zu treffen ist.[290] Ob u. U. die Geltung eines einheitlichen Rechts aufgrund des sachlichen Zusammenhangs oder anderen Gründen anzunehmen ist, ist hiernach zu erwägen.

3.1 Valutaverhältnis

Der Eröffnung des Akkreditivs geht eine zwischen den Parteien des zugrundeliegenden Geschäfts getroffene Vereinbarung über die Bezahlung und Sicherung der Forderung aus diesem Rechtsverhältnis durch die Stellung eines

---

288 vgl. OLG Frankfurt DZWir 1997, 424; dies überrascht in Anbetracht dessen, daß die unterlassene prozessuale Einlassung der Parteien nicht ausreichend ist, um eine konkludente Rechtswahl durch Prozeßverhalten anzunehmen; vgl. Berger DZWir 1997, 426; Reithmann/Martiny Rn. 81

289 vgl. Schütze, Dokumentenakkreditiv Rn. 459; ders. WM 1982, 226; Zahn, Festschrift für Pleyer S. 170; ders. ZIP 1984, 1311; Kaya S. 129; Eschmann RIW 1996, 914; von Bar ZHR 152 (1988), 49 f.; Nielsen BuB 5/503; Raith S. 49; Teoh Oon Teong 2 Singapore Academy of Law Journal (1990), 58; Schärrer S. 41; Sarna S. 207; Schinnerer ÖstBank-Archiv 1984, 235; Gozlan S. 36

290 allg. Meinung, vgl. nur Horn/von Marschall/Rosenberg/Pavicevic S. 14; Teoh Oon Teong 2 Singapore Academy of Law Journal (1990), 59; Gautschi SchweizJZ 1943, 224

Akkreditivs voraus. Diese ist Teil des Grundgeschäfts, welches zumeist ein Kaufvertrag ist, aber auch Werk- oder Werklieferungsvertrag oder ein anderes Austauschverhältnis sein kann. Das hierauf anwendbare Recht ist nach allgemeinen Grundsätzen zu bestimmen. In Ermangelung einer Rechtswahl der Parteien gilt gem. Art. 28 EGBGB das Recht der Partei, die die charakteristische Leitung erbringt, typischerweise also das Sitzrecht des Verkäufers, bzw. der die Dienst- oder Werkleistung erbringenden Partei.

Rückschlüsse auf die Geltung des Rechts eines anderen Staates, zu dem das Rechtsgeschäft aufgrund der Stellung des Akkreditivs eine engere Verbindung aufweist, etwa weil dort die Akkreditivbank ihren Sitz hat, können grundsätzlich nicht gezogen werden. Zwischen Valutaverhältnis und Akkreditiv gilt die "eiserne Regel" der Unabhängigkeit der Rechtsverhältnisse.[291] Dieses Unabhängigkeitsverhältnis wirkt sich auch auf das anwendbare Recht aus. Kollisionsrechtliche Wechselwirkungen zwischen Akkreditiv und Valutaverhältnis existieren nicht.[292]

3.2 Deckungsverhältnis

Nachdem ursprünglich streitig war, ob der Akkreditivauftrag als Werkvertrag oder Geschäftsbesorgungsvertrag[293] anzusehen ist, nimmt die heute h. M. an, daß dieses Rechtsverhältnis als Werkvertrag anzusehen ist, der eine Geschäftsbesorgung zum Inhalt hat.[294]

---

291 Driscoll Virginia Journal of International Law 20 (1980), 461; Schütze, Dokumentenakkreditiv Rn. 42; Canaris Rn. 1064; Gutzwiller SchweizAG 1985, 27

292 Schärrer S. 65; de Rooy S. 17; Todd S. 295 f.; MüKo/BGB-Martiny Art. 28 EGBGB Rn. 244; Rückert S. 18; Attock Cement Co. Ltd. v. Romanian Bank for Foreign Trade bei Ellinger JBusL 1990, 58; a. A. Hampe S. 102 f.

293 BGH WM 1983, 1385; BGH WM 1958, 1542; Liesecke WM 1966, 460; Lenz EuZW 1991, 297; Brüggemann S. 85; Schücking S. 25; Schubert BB 1952, 128; Petersen WM 1962, 622; Wiele S. 41; Herold/Lippisch S. 51; Erman, Festschrift für Rittershausen S. 263; Zahn/Dahlmann S. 9; Gafner S. 40

294 BGH WM 1998, 1769; Canaris Rn. 939; MüKo/HGB-Nielsen Einl. ERA Rn. 44; Nielsen BuB Rn. 5/510; Plett/Welling DB 1987, 925; Schütze, Dokumentenakkreditiv Rn. 86; ders. DB 1987, 2189; Zahn/Eberding/Ehrlich Rn. 2/29; Eberding WuB I H 2 - Akkreditiv bis 1985, S. 1224; Angersbach S. 53; Peters WM 1978, 1034; Kümpel Rn. 7.127; Schwintowski/Schäfer § 10 Rn. 8; Nuissl Rn. 8; Wassermann S. 29; Horn/von Marschall/Rosenberg/Pavicevic S. 14; Wessely Rn. 9; von Bernstorff S. 145

Richtigerweise hat sich die Meinung durchgesetzt, die von einem Werkvertrag ausgeht, da sich die Leistung der Akkreditivbank eben nicht darin erschöpft, einen bestimmten Erfolg anzustreben, sondern gerade der Eintritt dieses Erfolgs, d. h. die Eröffnung des Akkreditivs, geschuldet ist. Das reine Hinwirken auf oder Bemühen um die Eröffnung des Akkreditivs oder Tätigkeiten im Zusammenhang hiermit, die letztlich nicht in der Eröffnung des Akkreditivs resultieren, reichen nicht aus, da dies keine Erfüllung der Hauptleistungspflicht gegenüber dem Auftraggeber bewirkt.

3.2.1 Zulässigkeit einer Rechtswahl bei gemeinsamem Sitzrecht

Üblicherweise haben Auftraggeber und Akkreditivbank dasselbe Sitzrecht, da der Auftraggeber das Akkreditiv im Regelfall bei seiner ortsansässigen Hausbank oder zumindest einer anderen in seinem Staat ansässigen Bank eröffnet. Der gemeinsame Sitzstaat hindert die Parteien jedoch nicht, eine Rechtswahl zugunsten ausländischen Rechts zu treffen. Dabei muß hier nicht darauf eingegangen werden, ob eine Rechtswahl auch bei reinen Inlandsfällen zulässig ist.[295]

Eine Rechtswahl ist jedenfalls dann möglich, wenn das Rechtsverhältnis Auslandsbeziehung aufweist. Abzustellen ist nicht auf die Nationalität und die geographische Zuordnung der Parteien, sondern auf die Auslandsbeziehung des Rechtsverhältnisses.[296] Dabei muß das Rechtsverhältnis nicht grenzüberschreitend geschlossen sein, sondern es genügt, daß es Auslandsberührung, d. h. eine irgendgeartete Verbindung zu einer ausländischen Rechtsordnung aufweist. Diese liegt vor, wenn Inhalt des Vertrages eine grenzüberschreitende Leistung ist oder ein sonstiger internationaler Bezug besteht.[297] Ausreichend ist auch der Zusammenhang mit einem anderen Rechtsverhältnis, daß seinerseits Auslandsberührung aufweist.[298]

Die Erteilung des Auftrages zur Akkreditiveröffnung dient der Vermittlung einer Auslandszahlung und der Besicherung eines grenzüberschreitenden Rechtsgeschäfts. Mit Eröffnung des Akkreditivs entsteht eine Verpflichtung

---

295 zum Grundsatz der freien Rechtswahl bei Inlandsfällen vgl. nur Palandt/Heldrich Art. 28 EGBGB Rn. 3; Staudinger/Magnus Art. 27 EGBGB Rn. 25

296 Schwung WM 1984, 1302

297 vgl. MüKo/BGB-Martiny, Art. 27 EGBGB Rn. 19; Reithmann/Martiny Rn. 51; Goerke S. 69

298 Reithmann/Martiny Rn. 51

der Akkreditivbank gegenüber dem üblicherweise im Ausland ansässigen Gläubiger. Allein hiermit läßt sich ohne Not der Auslandszusammenhang begründen, der eine Rechtswahl auch bei gemeinsamen Sitzrecht zuläßt.[299]

3.2.2 Anwendbares Recht bei unterschiedlichem Sitzrecht

Die Akkreditiveröffnung durch eine am Sitz des Auftraggebers ansässige Bank ist nicht zwingend notwendig.[300] Haben Auftraggeber und Akkreditivbank keine Rechtswahl getroffen, ist gemäß Art. 28 EGBGB auf die vertragstypische Leistung abzustellen, die die Eröffnung des Akkreditivs ist. Bei unterschiedlichen Sitzstaaten von Auftraggeber und Akkreditivbank kommt gem. Art. 28 EGBGB das Sitzrecht der Akkreditivbank zur Anwendung.[301]

3.3 Akkreditivbank - Begünstigter

Die Akkreditivbank kann das Akkreditiv entweder direkt abwickeln oder eine Zweitbank einschalten. Für die Feststellung des auf das Rechtsverhältnis zwischen Begünstigtem und Akkreditivbank anzuwendende Rechts muß auch die Art der Durchführung des Akkreditivs beachtet werden, da sie im Rahmen des Art. 28 EGBGB zumindest auf Anhaltspunkte für ein geographisches Näheverhältnis des Akkreditivs untersucht werden muß.

3.3.1 Anwendbares Recht, wenn keine Zweitbank eingeschaltet ist

3.3.1.1 Charakteristische Leistung i. S. v. Art. 28 EGBGB

Charakteristische Leistung in diesem Rechtsverhältnis ist das mit Eröffnung des Akkreditivs gegenüber dem Begünstigten abgegebene Zahlungsversprechen der Akkreditivbank, das als selbständiges Schuldversprechen i. S. v. §

---

[299] Schütze WM 1982, 227; ders. RIW 1988, 344 und DB 1987, 2189; Hoeren/Florian Rn. 46; Goerke S. 70 (zur Garantie); Kaya S. 127; a. A. Nielsen BuB Rn. 5/505

[300] z. B. haben beispielsweise im Libanon ansässige Schuldner häufig Akkreditive bei Schweizer Banken eröffnet; vgl. von Bar, ZHR 152 (1988), 40; vgl. auch die Fallstudie bei Ellinger JBusL 1994, 33: Akkreditiveröffnung durch Schweizer Bank im Auftrag des auf Bermuda ansässigen Schuldner

[301] h. M., MüKo/BGB-Martiny Art. 28 EGBGB Rn. 241; Staudinger/Magnus Art. 28 Rn. 556; Nielsen BuB Rn. 5/504; Kaya S. 132

780 BGB anzusehen ist.[302] Gemäß der allgemeinen Anknüpfung des Art. 28 EGBGB unterliegt dieses Rechtsverhältnis dem Recht des Sitzes der Akkreditivbank bzw. Des Sitzes ihrer das Akkreditiv eröffnenden Niederlassung.[303]

Zu diesem Ergebnis kam die h. M. auch bereits vor der Revision des internationalen Privatrechts. Die Begründungen hierfür variierten. Teilweise wurde die Geltung des Sitzrechtes der Akkreditivbank bzw. ihrer Niederlassung als Erfüllungsort der Verpflichtung der Akkreditivbank gegenüber dem Begünstigten angenommen.[304] Andere Meinungen stellten darauf ab, daß die Akkreditivbank das Akkreditiv regelmäßig nur unter Zugrundelegung ihres Sitzrechtes eröffne[305], also eine konkludente, dem Begünstigten auferlegte Rechtswahl vorliege.

Mit Einführung des Art. 28 EGBGB ist dieser Meinungsstreit im Grundsatz obsolet geworden. Für das allgemeine Ergebnis, daß das Sitzrecht der Akkreditivbank zur Anwendung kommt, besteht kein tieferer Begründungszwang mehr, da die charakteristische Leistung der Akkreditiveröffnung und damit das anwendbare Recht objektiv und eindeutig feststellbar ist.

Aber auch nach der Revision des internationalen Privatrechts ist es erforderlich, sich mit den Einzelheiten der konkreten Akkreditiveröffnung auseinanderzusetzen. Das Sitzrecht der die vertragscharakteristische Leistung erbringenden Partei ist gemäß Art. 28 Abs. 2 EGBGB nur dann maßgeblich, sofern nicht eine engere Beziehung des Rechtsverhältnisses zu einem Staat aufgrund anderer Anhaltspunkte festgestellt werden kann. Die vor Einführung des IPR-Gesetzes herangezogenen Ansätze sind deshalb auch heute für die Bestimmung des anzuwendenden Rechtes zu beachten. Im übrigen ist nach wie vor vor einer Subsumption des Akkreditivs unter Art. 28 EGBGB

---

302 BGH NJW 1990, 255; OLG Karlsruhe IPRax 1982, 104; Schütze in Assmann/Schütze § 10 Rn. 99; Lücke S. 38; Angersbach S. 70; Peters WM 1978, 1035; Kümpel Rn. 7.66; Canaris Rn. 984; so schon Ebertsheim JW 1923, 915

303 Reithmann/Martiny Rn. 1073; MüKo/BGB-Martiny Art. 28 EGBGB Rn. 241; Schütze in Assmann/Schütze § 10 Rn. 99; ders. Dokumentenakkreditiv Rn. 464; ders. WuB I H 2. - 2.94; OLG Frankfurt WM 1992, 569 mit zust. Anm. Nielsen WuB I H 2. - 1.92; Kegel, Festschrift für Schmidt S. 240; Palandt/Heldrich Art. 28 EGBGB Rn. 21; Schefold IPRax 1990, 21; ders. IPRax 1996, 348 f.; Eschmann RIW 1996, 914; Gautschi SchweizJZ 1943, 222; ders. SchweizJZ 1964, 51; Haas ZBB 1999, 303

304 BGH WM 1955, 765

305 Wolff S. 144

zu prüfen, ob die Parteien nicht - etwa konkludent - eine Rechtswahl getroffen haben.

3.3.1.2 Konkludente Rechtswahl?

Eine konkludente Rechtswahl zugunsten des Sitzrechts der Akkreditivbank wurde bzw. wird sowohl vor als auch nach der Revision des internationalen Privatrechts von Schütze[306] angenommen und damit begründet, daß die Akkreditivbank gegenüber dem Begünstigten ein Schuldversprechen i. S. § 780 BGB übernehme und ihre Erklärung zur Übernahme der Verpflichtung - unabhängig davon, ob es sich hierbei um ein einseitiges oder zweiseitiges Rechtsgeschäft handelt stets unter der Prämisse erfolge, daß auf ihre Verpflichtung das an ihrem Sitz geltende Recht anwendbar sein soll. Ähnlich wie der Bundesgerichtshof in seiner ersten "Türkeneierfall"-Entscheidung[307] geht auch Schütze von einer impliziten Rechtswahl der Akkreditivbank aus, der der Begünstigte unterworfen wird.

Die Annahme, die Eröffnung des Akkreditivs erfolge unter Zugrundelegung des Rechts der eröffnenden Bank ist in der Literatur bzw. Rechtsprechung als Unterwerfung unter den Willen des wirtschaftlich Stärkeren[308] und als einseitige Bevorzugung der Interessen der Akkreditivbank[309] kritisiert worden.

Die Auffassung, die Akkreditivbank übernehme die Akkreditivverpflichtung nur unter Zugrundelegung ihres Sitzrechtes, erscheint insoweit nicht angreifbar, als der Begünstigte im Zeitpunkt, in dem das Akkreditiv gestellt wird, bereits die Verhandlungen über den Inhalt des Akkreditivs mit dem Akkreditivsteller abgeschlossen hat. Besteht der Begünstigte auf einem Akkreditiv, das dem Recht seines Sitzstaates unterliegt, kann er bei der Vereinbarung über die Stellung des Akkreditivs hierauf hinwirken. Der Auftraggeber hat dann die Akkreditivbank entsprechend zu beauftragen, um seine Verpflichtungen gegenüber dem Verkäufer zu erfüllen.

Stellt die Akkreditivbank weisungswidrig kein Akkreditiv mit entsprechender Rechtswahlklausel aus, kann der Begünstigte dies wie in allen anderen

---

306 Dokumentenakkreditiv Rn. 464; ders. WM 1982, 227

307 BGH WM 1955, 765

308 Steindorff, Festschrift für von Caemmerer S. 768

309 OLG Frankfurt IPRax 1990, 44

Fällen, in denen der Inhalt des Akkreditivs von der Vereinbarung mit dem Akkreditivsteller abweicht, als nicht vertragsgemäß rügen mit der Folge, daß der Akkreditivvertrag mit dem entsprechenden Inhalt nicht zustande kommt.[310] Zwar hat der Begünstigte keinen direkten Anspruch gegen die Akkreditivbank auf Änderung des Akkreditivs[311], dies bedeutet jedoch nicht, daß er sich dem vorgegebenen Inhalt des Akkreditivs widerspruchslos hinnehmen muß. Sein Anspruch auf Änderung des Akkreditivinhalts richtet sich gegen den Akkreditivsteller und ergibt sich aus der mit diesem geschlossenen Akkreditivabrede.

Akzeptiert der Begünstigte das Akkreditiv dennoch, liegt hierin keine Unterwerfung unter den Willen des wirtschaftlich Stärkeren oder eine einseitige Interessenbevorzugung, sondern die Bereitschaft zur Modifikation der ursprünglich getroffenen Vereinbarung mit dem Akkreditivauftraggeber.

Der Meinung, daß die Akkreditivbank das Akkreditiv in Ermangelung einer Rechtswahl zugunsten fremden Rechts nur unter Geltung ihres Sitzrechtes eröffnen will und dies für dessen Anwendbarkeit ausreicht, ist entgegenzuhalten, daß jeder Vertragschließende im Zweifel die Vereinbarung des an seinem Sitz geltenden Rechtes favorisiert. Wird in einem Vertrag zwischen Angehörigen verschiedener Staaten keine Rechtswahl getroffen, liegt hierin nicht die Unterwerfung der das Angebot zum Vertragsabschluß annehmenden Partei unter das Recht der angebotabgebenden Partei, sondern vielmehr die Unterwerfung beider Parteien unter die Regelungen des auf sie anwendbaren internationalen Privatrechts.

In der Akkreditiveröffnung ohne ausdrückliche Rechtswahl kann deshalb nicht ohne weitere Anhaltspunkt eine konkludente Rechtswahl zugunsten des Sitzrechtes der Akkreditivbank gesehen werden.

3.3.1.3 Widerlegung der Vermutung des Art. 28 Abs. 2 EGBGB

Als Anhaltspunkte für eine Widerlegung der Vermutung des Art. 28 Abs. 2 Satz 1 EGBGB können nur solche Umstände herangezogen werden, die in ihrer Gesamtheit geeignet sind, eine überwiegende Gewichtung zugunsten einer anderen Rechtsordnung als der des Sitzes der die vertragstypische

---

310 vgl. Liesecke WM 1966, 460; Nielsen Grundlagen S. 74; Schärrer S. 76; Raith S. 131; Poh Chu Chai S. 689 f.; Zahn/Eberding/Ehrlich Rn. Rn. 2/134; Gafner S. 32 f.

311 Canaris Rn. 1006; Ulrich S. 152

Leistung erbringenden Partei zu belegen.[312] Allgemein wird hierfür auf Vertragssprache, Staatsangehörigkeit der Parteien, Ort des Vertragsschlusses oder Vertragswährung abgestellt.

Generell lassen sich die die allgemeine Vermutung des Art. 28 Abs. 2 EGBGB widerlegenden Umstände nur schwer ausmachen.[313] Dies gilt um so mehr für das Dokumentenakkreditivgeschäft, da aufgrund seiner Internationalität einzelne Umstände, die bei anderen Rechtsgeschäften durchaus für Art. 28 Abs. 5 EGBGB herangezogen werden können, beim Dokumentenakkreditiv nicht unbedingt geeignet sind, eine Widerlegung der allgemeinen Vermutung zu unterstützen.[314] Ein zugunsten eines englischen Begünstigten in englischer Sprache eröffnetes Akkreditiv einer deutschen Bank enthält kaum ausreichende Anhaltspunkte für die Geltung englischen Rechts. Etwas anderes kann allenfalls dann gelten, wenn für die Ausgestaltung des Akkreditivs keine anderen Gründe ersichtlich sind, als die Eröffnung eines Akkreditivs mit bestimmten nationalen Bezug, der dann wiederum Auswirkungen auf das geltende Recht hat, z. B. bei Eröffnung eines Akkreditivs für einen japanischen Begünstigten in japanischer Sprache und auf japanische Yen lautende Zahlung.

Aber auch hier muß man die Anwendung von Art. 28 Abs. 5 EGBGB vorsichtig handhaben und die Hintergründe der konkreten Akkreditiveröffnung berücksichtigten. Die Erfüllung der Anweisung des Akkreditivauftraggebers, das Akkreditiv möge den vorgenannten Parametern gerecht werden, dürfte noch nicht zur Annahme führen, die Akkreditivbank wolle sich ihres Landesrechts begeben.

3.3.2 Anwendbares Recht bei Einschaltung einer Zweitbank

3.3.2.1 Avisbank

3.3.2.1.1 Rechtsverhältnis zur Akkreditivbank

Die Avisierung des Akkreditivs ist die Übermittlung des Angebots der Erstbank an den Begünstigten, das Akkreditiv zu bestimmten Bedingungen zu

---

312 Staudinger/Magnus Art. 28 EGBGB Rn. 129; Berger DZWir 1997, 426

313 vgl. Staudinger/Magnus Art. 28 EGBGB Rn. 129

314 Berger DZWir 1997, 426; Liesecke WM 1960, 210; Gozlan S. 13 f.

eröffnen. Wie auch für das Verhältnis zwischen Auftraggeber und Akkreditivbank ist umstritten, ob es sich dabei um einen Werkvertrag[315] oder einen entgeltlichen Geschäftsbesorgungsvertrag[316] handelt. Die überwiegende Meinung vertritt hier den Standpunkt, daß ein Geschäftsbesorgungsvertrag vorliegt.

Dem ist zuzustimmen. Es ist zwar naheliegend hier eine werkvertragliche Verpflichtung mit der Begründung anzunehmen, daß die Avisbank nicht nur ein Tätigwerden, sondern eine Handlung schuldet, die zur Eröffnung des Akkreditivs führt. Allerdings kann die Avisbank unmöglich hierfür einstehen. Falls ihr es nicht gelingt, die Eröffnung des Akkreditivs gegenüber dem Begünstigten kundzutun, etwa weil dieser unauffindbar ist, hat sie dennoch alle ihr gegenüber der Erstbank bestehenden Pflichten erfüllt, sofern sie sich hierum in angemessenem Maß bemüht hat. Diese Tätigkeit der Avisbank stellt die charakteristische Vertragsleistung i. S. v. Art. 28 EGBGB dar, so daß ihr Sitzrecht auf ihr Verhältnis zur eröffnenden Bank anwendbar ist.[317]

Der Auffassung, daß im Verhältnis zwischen avisierender und eröffnender Bank das Recht der eröffnenden Bank anzuwenden sei, da die Avisierung als rein technischer Abwicklungsvorgang nur untergeordnete Bedeutung habe und damit das Rechtsverhältnis von der Leistung der Akkreditivbank, d. h. der Eröffnung des Akkreditivs dominiert werde,[318] ist nicht zuzustimmen. Diese unterschiedliche Gewichtung von Avisierung und Haftungsübernahme mag durchaus relevant für das Verhältnis der Akkreditivbank zum Begünstigten sein. Im Verhältnis zwischen Akkreditiv- und Avisbank kommt es hierauf aber nicht an, da die Eröffnung des Akkreditivs keine für

315 MüKo/HGB-Nielsen Einl. ERA Rn. 69

316 Zahn/Dahlmann S. 10; Canaris Rn. 972; Schwintowski/Schäfer § 10 Rn. 11; Kümpel Rn. 7.128; Nuissl Rn. 184; von Bernstorff S. 145; Schütze, Dokumentenakkreditiv Rn. 478; Wolsing S. 11; ebenfalls umstritten ist, ob die Avisbank Erfüllungsgehilfin (so u.a. Hoeren/Florian Rn. 93; Schütze DB 1987, 2189) oder Unterbeauftragte (u.a. von Westphalen, Rechtsprobleme der Exportfinanzierung S. 254; von Gablenz S. 278) der Akkreditivbank ist. Da diese Frage für die hier zur Entscheidung stehenden Fragen keine Relevanz hat, wird auf eine Erörterung verzichtet.

317 MüKo/BGB-Martiny Art. 28 Rn. 243a; Schütze in Assmann/Schütze § 10 Rn. 101; ders. Dokumentenakkreditiv Rn. 479; von Westphalen, Rechtsprobleme der Exportfinanzierung S. 298; Nielsen BuB Rn. 5/506; Hoeren/Florian Rn. 92; Wolsing S. 11; Zahn/Dahlmann S. 10

318 Schmidt-Dencker S. 31

die Beurteilung des auf dieses Rechtsverhältnis anwendbaren Rechts maßgebende Leistung darstellt.

3.3.2.1.2 Rechtsverhältnis zum Begünstigtem

Im Verhältnis zwischen Begünstigten und Avisbank entstehen keine vertraglichen Beziehungen.[319] Diese bestehen wie bei direkter Eröffnung des Akkreditivs durch die Akkreditivbank nur zwischen ihr und dem Begünstigten. Dennoch begründet die Avisierung bestimmte Pflichten der Avisbank gegenüber dem Begünstigten, wie z. B. die Verpflichtung zur richtigen Avisierung des Akkreditivs und die Pflicht zur Prüfung der Echtheit des Akkreditivs mit angemessener Sorgfalt gemäß Art. 7 ERA. Für diese Verpflichtung ist eine eigenständige kollisionsrechtliche Beurteilung anhand der allgemeinen Anknüpfungen vorzunehmen, die allerdings nur geringfügige Bedeutung hat, da typischerweise Avisbank und Begünstigter im selben Staat ansässig sind.

Unschwer läßt sich als charakteristische Leistung die der Avisbank identifizieren, so daß in Ermangelung einer Rechtswahl das Sitzrecht der Avisbank zur Anwendung kommt.[320]

3.3.2.1.3 Auswirkungen der Einschaltung der Avisbank auf das zwischen Akkreditivbank und Begünstigtem anwendbare Recht

Durch das Avis der üblicherweise im Staat des Begünstigten ansässigen Zweitbank werden die Verpflichtungen im Verhältnis zwischen diesem und der Akkreditivbank nicht berührt. Ihre elementaren Pflichten bestimmen sich nach Art. 7 ERA. Die Avisbank informiert den Begünstigten lediglich über die Eröffnung des Akkreditivs und hat damit eine rein abwicklungstechnische Funktion. Ihre Tätigkeit im Verhältnis zwischen Akkreditivbank und Begünstigtem erschöpft sich in einer reinen Übermittlungsleistung; damit ist sie nicht mehr als eine "technische Durchleitungsstelle".[321] Das

---

[319] Nielsen, Grundlagen S. 74; Schütze, Dokumentenakkreditiv Rn. 477; Avancini/Iro/Koziol Rn. 4/157; Raith S. 175; Gutzwiller SchweizJZ 1984, 159; H.-C. Hartmann S. 61; Kaya S. 134

[320] Hoeren/Florian Rn. 94; Schütze in Assmann/Schütze § 10 Rn. 100; ders. DB 1987, 2191; Nielsen BuB 5/507

[321] Hampe S. 53; Schütze, Dokumentenakkreditiv Rn. 274; Schärrer S. 115; Nielsen in Schimansky/Bunte/Lwowski § 120 Rn. 99; J. Hartmann S. 41; Schmidt-Dencker

Rechtsverhältnis zwischen Akkreditivbank und Begünstigten stellt sich nicht anders dar, als ob die Akkreditivbank das Akkreditiv selbst avisiert hätte. Das einfache Avis kann deshalb auch keine Auswirkungen auf das in diesem Verhältnis geltende Recht haben.[322]

Insbesondere kann die Beauftragung einer Avisbank keinen Anhaltspunkt für die Anwendung des Art. 28 Art. 5 EGBGB bieten, da ihre geographische Auswahl durch rein praktische Erwägungen bedingt und sie typischerweise im Staat des Begünstigten ansässig ist.

Bei Einschaltung einer Avisbank ergibt sich keine abweichende kollisionsrechtliche Beurteilung des Rechtsverhältnisses zwischen Begünstigtem und Akkreditivbank.

3.3.2.2 Zahlstelle

3.3.2.2.1 Rechtsverhältnis zur Akkreditivbank

Im Verhältnis zur Akkreditivbank liegt ein Geschäftsbesorgungsvertrag vor, dessen Inhalt die Prüfung und ggf. Aufnahme der Dokumente und Honorierung des Akkreditivs ist.[323] Wie auch bei Einschaltung einer Avisbank ist der Rechtscharakter der Bestellung der Zahlstelle umstritten.[324] Auf die Entscheidung dieses Meinungsstreits kommt es für die kollisionsrechtliche Betrachtung nicht an. Abzustellen ist auf die vertragswesentliche Leistung, die ganz offensichtlich in der Tätigkeit der Zahlstelle bei der Aufnahme der Dokumente und Honorierung des Akkreditivs zu sehen ist.[325]

("Sprachrohr der Akkreditivbank") S. 9; ebenso Gacho S. 22; Gutzwiller SchweizJZ 1984, 159 ("verlängerter Arm der Akkreditivbank")

322 OLG Frankfurt WuB I H 2. - 1.92; von Caemmerer JZ 1959, 363; Nielsen BuB 5/507

323 Canaris Rn. 972; Hampe S. 55; Nielsen, Grundlagen S. 65

324 Entsprechend nimmt ein Teil der Literatur eine Unterbeautragung (von Westphalen WM 1980, 185; von Gablenz S. 281) und die Gegenmeinung ein Erfüllungsgehilfenverhältnis (Schütze RIW 1988, 344; Schinnerer, Festschrift für Reimer S. 239) an.

325 allg. M., vgl. Schütze, Dokumentenakkreditiv Rn. 479; Lücke S. 270; Kegel, Festschrift für Schmidt S. 240; Kaya S. 135; Lorenz, Festschrift für Steindorff S. 411

3.3.2.2.2 Rechtsverhältnis zum Begünstigten

Im Verhältnis der Zahlstelle zum Begünstigten werden keine eigenständigen vertraglichen Beziehungen begründet. Die Zahlstelle wird lediglich für die Erstbank tätig. Gegenüber dem Begünstigten bestehen nur Pflichten zur Aufnahme und Weiterleitung der Dokumente. Die kollisionsrechtliche Betrachtung hat auch hier nur geringe Bedeutung, da die Zahlstelle üblicherweise im Staat des Begünstigten ansässig ist. Ist dies nicht der Fall, ist auf die charakteristische Leistung i. S. v. Art. 28 EGBGB abzustellen, die in der Prüfung und Aufnahme der Dokumente zu sehen ist, so daß das Sitzrecht der Zahlstelle zur Anwendung kommt.[326]

3.3.2.2.3 Auswirkungen der Bestellung der Zahlstelle auf das zwischen Akkreditivbank und Begünstigtem anwendbare Recht

Aufgrund der der Zahlstelle übertragenen Stellung wird mit unterschiedlichen Begründungen angenommen, daß die Verlagerung des Ortes der Leistungserbringung auch Auswirkung auf das zwischen Begünstigtem und Akkreditivbank anzuwendende Recht hat.[327]

Teilweise wird die Anwendung des Sitzrechtes der Zahlstelle damit begründet, daß die vertragstypische Leistung an den Ort der Zahlstelle verlagert wird.[328] Zum Teil stellen Literatur und Rechtsprechung darauf ab, daß die Benennung einer Zahlstelle im Sitzland des Begünstigten dessen Interessen dient und die Annahme der Weitergeltung des Sitzrechtes der Akkreditivbank hiermit in Widerspruch stehe.[329] Andere Vertreter dieser Meinung halten die Anwendung einer Rechtsordnung für das gesamte Akkreditiv für erforderlich, da anderenfalls der einheitlichen wirtschaftlichen Funktion des

---

326 Schütze in Assmann/Schütze § 10 Rn. 99; Hoeren/Florian Rn. 104

327 so OLG Köln WuB I H.2-1.95 mit zust. Anm. Dach; OLG Frankfurt WuB I H 2. - 2.88 mit zust. Anm. Eberding; AG Frankfurt AG 1976, 47 mit zust. Anm. Mertens; Steindorff, Festschrift für von Caemmerer S. 767; Lücke S. 268 f.; Liesecke WM 1966, 458; Horn/von Marschall/Rosenberg/Pavicevic S. 18; Schinnerer ZfRV 1961, 7; Eberth RIW/AWD 1977, 527

328 Schinnerer ZfRV 1961, 7

329 OLG Frankfurt WuB I H 2. - 2.88 mit zust. Anm. Eberding; OLG Köln I H 2. - 1.95 mit zust. Anmerkung Dach; Mertens AG 1976, 49; Lücke S. 269

Akkreditivs nicht Rechnung getragen werde[330], oder sehen die Bestellung der Zahlstelle als Ausdruck einer konkludenten Rechtswahl.[331]

3.3.2.2.3.1 Verlagerung des Leistungsortes?

Die im Verhältnis zwischen Akkreditivbank und Begünstigtem charakteristische Leistung bleibt die Honorierung des Akkreditivs durch die Akkreditivbank. Daß der Begünstigte bei der Zahlstelle Zahlung verlangen kann, führt nicht zu einer örtlichen Verlagerung der vertragstypischen Leistung. Ein eigenständiger Zahlungsanspruch des Begünstigten gegen die Zahlstelle wird nicht begründet. Am Ort der Zahlstelle erfolgt nur die Leistungserbringung, d. h. die rein technische Abwicklung der vertragstypischen Leistung, die aber nach wie vor von der Akkreditivbank geschuldet wird.[332] Art. 28 EGBGB stellt nur auf den Sitz der zur charakteristischen Leistung verpflichteten Partei ab, nicht auf den Ort, an dem diese Leistung faktisch vollzogen wird. Die Honorierung des Akkreditivs durch die Zahlstelle bewirkt keine Verlagerung des Erfüllungsortes der vertragstypischen Leistung; dieser verbleibt am Ort der Akkreditivbank.[333]

3.3.2.2.3.2 Konkludente Rechtswahl?

Die Benennung einer Zahlstelle kann nicht als Indiz für eine mehr oder minder erklärte Rechtswahl herangezogen werden. Die Einschaltung eines Dritten zur Erbringung eigener Leistungspflichten kann nicht die Vereinbarung einer Rechtswahl ersetzen.[334] Die Bestellung der Zahlstelle kann auch schon deshalb keine konkludente Rechtswahl beinhalten, da ihre geographische Auswahl allein von technischen Kriterien der Zahlungsabwicklung abhängt. Sie ist typischerweise in einem anderen Staat ansässig, als die sie einschaltende Bank.

---

330 Eberding WuB I H 2. - 2.88

331 Zahn/Eberding/Ehrlich Rn. 1/40

332 so schon OLG Hamburg JW 1938, 1892; Canaris Rn. 979; Schütze RIW 1988, 344; MüKo/HGB-Nielsen Einl. ERA Rn. 77; Nielsen IPRax 1982, 93; Schmidt-Dencker S. 35; Eberding WuB I H 2. - Akkreditiv bis 1985 (S. 1225); H.-C. Hartmann S. 64; Zahn/Dahlmann S. 15

333 Canaris Rn. 979; MüKo/HGB-Nielsen Einl. ERA Rn. 84; Thorn IPRax 1996, 258; Nielsen/Schütze S. 40; Nielsen BuB Rn. 5/508; Sarna S. 213

334 Schefold IPRax 1996, 351; H.-C. Hartmann S. 64

3.3.2.2.3.3 Widerlegung der Vermutung des Art. 28 Abs. 2 EGBGB?

Die Benennung einer Zahlstelle ist per se auch nicht geeignet, die allgemeine Vermutung des Art. 28 Abs. 2 EGBGB zu widerlegen.[335] Zur Begründung einer engeren Beziehung zu einem anderen als dem Sitzstaat müssen objektive Umstände vorliegen, die auf die Zuordnung des Rechtsverhältnisses zu einer anderen Rechtsordnung hinweisen, als derjenigen, in der das Zentrum des beiderseitigen Leistungsaustausches liegt. Die Bestellung der Zahlstelle ist nichts anderes als die Bestimmung eines Zahlungsweges und hat keinen derartigen Einfluß, da sie auf die Leistungsbeziehung überhaupt nicht einwirkt.[336]

Die Gegenmeinung hat außerdem zur Konsequenz, daß über das zwischen Begünstigtem und Akkreditivbank geltende Recht nie eine absolute Feststellung getroffen werden kann. Jede nach Akkreditiveröffnung erfolgende Einschaltung einer Zahlstelle würde das Rechtsverhältnis einer neuen Rechtsordnung unterstellen. Daß dies zu unpraktikablen Ergebnissen führt, zeigt insbesondere die Bestellung und spätere Abberufung einer Zahlstelle und die Neubestellung einer anderen, in einem Drittland ansässigen Zahlstelle. Hier wäre bei Abberufung und Neubestellung der Zahlstellen jeweils ein anderes nationales Sachrecht anwendbar. Daß dies kein rein hypothetischer Fall ist, zeigt der vom AG Frankfurt am Main 1975 entschiedene Sachverhalt[337], bei dem ein Akkreditiv unter Benennung einer österreichischen Zahlstelle eröffnet und später in Deutschland zahlbar gestellt wurde. Folgte man der Auffassung, daß das Sitzrecht der Zahlstelle maßgeblich für die gesamte Zahlungsverpflichtung aus dem Akkreditiv ist, wäre eine ständige kollisionsrechtliche Neubeurteilung mit immer wieder neuen Ergebnissen erforderlich. Diese Ansicht wurde deshalb zu Recht mit der Begründung kritisiert, daß das Akkreditiv einem Chamäleon gleichgestellt werde, welches bei jeder Neubenennung einer Zahlstelle "in die Haut einer anderen Rechtsordnung schlüpfe".[338]

Deutlich wird die geringe Praktikabilität des Abstellens auf das Recht am Sitz der Zahlstelle auch bei der Bestellung mehrerer Zahlstellen. Haben die

---

335 so Staudinger/Magnus Art. 28 EGBGB Rn. 562 ohne weitere Begründung

336 Thorn IPRax 1996, 259; BGH IPRax 1996, 346 mit zust. Anm. Schefold IPRax 1996, 351; Schmidt-Dencker S. 34

337 AG 1976, 47 ff.

338 Schütze, Dokumentenakkreditiv Rn. 471; ders. Anm. zu OLG Frankfurt EWiR § 365 HGB 1/88, 82

alternativen Zahlstellen ihren Sitz in verschiedenen Staaten, fragt sich, welches Recht im Verhältnis zwischen Begünstigtem und Akkreditivbank gelten soll.

3.3.2.2.3.4 Wahrung der Interessen des Begünstigten durch Anwendung des Rechtes am Ort der Zahlstelle?

Die das Sitzrecht der Zahlstelle favorisierende Meinung setzt voraus, daß dessen Anwendung für den Begünstigten per se stets vorteilhafter als die Anwendung fremden Rechts ist. Dies kann aber derart pauschalisierend nicht angenommen werden. Sind mehrere Zahlstellen bestellt, müßte sich diese Meinung für die Anwendung des Rechts der Zahlstelle im Sitzstaat des Begünstigten aussprechen. Legt der Begünstigte aber die Dokumente bei einer außerhalb seines Sitzlandes ansässigen Zahlstelle vor, käme allein aufgrund der Staatsangehörigkeit des Begünstigten dessen Recht zur Anwendung, obwohl der Abwicklungs- und Zahlungsvorgang hierzu überhaupt keinen Bezug aufweist.

Die Anwendung ausländischen Rechts auf das Verhältnis zwischen Akkreditivbank und Begünstigtem widerspricht nicht den Interessen des Begünstigten. Hier wird allein dessen Rechtsverhältnis zur Akkreditivbank kollisionsrechtlich beurteilt. Im Verhältnis zwischen Begünstigtem und Zahlstelle gilt deren Recht, d. h. im Regelfall ihr gemeinsames Sitzrecht. Die Geltung fremden Rechts im Verhältnis zur Akkreditivbank stellt keine Benachteiligung des Begünstigten dar, sondern lediglich die Beibehaltung der Rechtslage wie sie bestünde, wenn keine Zahlstelle eingeschaltet worden wäre. Die Bestellung der Zahlstelle stellt für den Begünstigten nicht nur einen Vorteil bei der Abwicklung des Akkreditivs, sondern auch einen rechtlichen Vorteil durch die Geltung des Rechts der Zahlstelle für diesen Abwicklungsvorgang dar. Für eine weitere rechtliche Privilegierung des Begünstigten besteht kein Bedürfnis.[339]

3.3.2.2.3.5 Notwendigkeit einheitlichen Rechts?

Die wirtschaftliche Funktionseinheit des Akkreditivs begründet kein Bedürfnis nach einem einheitlichen anzuwendenden Sachrecht. Hier sind zwei verschiedene Rechtsverhältnisse zu beurteilen, die lediglich aufgrund der Funktionsweise des Akkreditivs miteinander verbunden sind. Eine inhaltli-

---

339 im Ergebnis Schefold IPRax 1996, 351

che oder sonstige innere Verbindung, die die Anwendung eines einheitlichen Rechts bedingt, besteht nicht.

Von der Notwendigkeit eines einheitlichen Rechts scheinen selbst die Autoren nicht auszugehen, die hierfür plädieren, da als Empfehlung an die Akkreditivbank zur Vermeidung der Anwendung des Sitzrechtes der Zahlstelle ausgesprochen wird, sich hiervor durch Aufnahme einer Rechtswahlklausel zugunsten ihres eigenen Sitzrechtes zu schützen.[340] Mit einer entsprechenden Rechtswahl wird aber gerade das Ergebnis manifestiert, welches nach derselben Auffassung in Widerspruch mit der einheitlichen wirtschaftlichen Funktion des Akkreditivs steht, nämlich die Anwendung verschiedener Sachrechte auf die einzelnen Verpflichtungen aus dem Akkreditiv.

Die Benennung der Zahlstelle hat somit auf das zwischen Akkreditivbank und Begünstigtem geltende Recht keinen Einfluß. Im Verhältnis zwischen Begünstigtem und Zahlstelle gilt das Recht der Zahlstelle; im Verhältnis des Begünstigten zur eröffnenden Bank gilt unberührt das Sitzrecht letzterer.

3.3.2.3 Bestätigende Bank

3.3.2.3.1 Rechtsverhältnis zum Auftraggeber und zur Akkreditivbank

Mit Bestätigung des Akkreditivs übernimmt die bestätigende Bank eine eigenständige Zahlungsverpflichtung gegenüber dem Begünstigten. Die Bestätigung des Akkreditivs begründet keine direkten Rechtsbeziehungen zwischen Auftraggeber und bestätigender Bank.[341] Wird die bestätigende Bank im Auftrag der Erstbank tätig, liegt eine werkvertragliche Verpflichtung vor, die eine Geschäftsbesorgung zum Inhalt hat, nämlich die ordnungsgemäße Bestätigung des Akkreditivs.[342] In beiden Rechtsverhältnissen ist die Leistung der bestätigenden Bank als die vertragscharakteristische anzusehen, so daß deren Recht gemäß Art. 28 EGBGB anwendbar ist.

---

340 Eberding WuB I H 2. - 1.88; ders. WuB I H 2. - 2.88

341 Canaris Rn. 977; Hampe S. 58; a. A. Hoeren/Florian Rn. 110; Bartodziej SchweizAG 1987, 10, die eine Substitution gem. § 664 Abs. 1 Satz 2 BGB annehmen.

342 Schütze, Dokumentenakkreditiv Rn. 283; Hoeren/Florian Rn. 109

3.3.2.3.2 Rechtsverhältnis zum Begünstigten

Die Verpflichtung der bestätigenden Bank entspricht vollumfänglich der Verpflichtung der Akkreditivbank und ist entsprechend als selbständiges Schuldversprechen i. S. v. § 780 BGB anzusehen, welches eigenständig neben dem der Akkreditivbank besteht.[343] Gegenüber dem Begünstigten haften die eröffnende und bestätigende Bank als Gesamtschuldner.[344] Trotz Inhaltsgleichheit der Verpflichtungen bestehen zum Begünstigten zwei von einander unabhängige Schuldverhältnisse, für die separate kollisionsrechtliche Betrachtungen vorzunehmen sind.[345]

Üblicherweise handelt es sich bei der bestätigenden Bank um eine Bank im Sitzstaat des Begünstigten, so daß deren gemeinsames Sitzrecht Anwendung findet. Aufgrund der Auslandsanknüpfung des Akkreditivs wäre auch hier eine Rechtswahl zulässig.[346]

Haben Begünstigter und bestätigende Bank ihren Sitz in verschiedenen Staaten, gilt entsprechend dem oben Gesagtem in Ermangelung einer Rechtswahl gemäß Art. 28 EGBGB das Sitzrecht der bestätigenden Bank, da diese die vertragscharakteristische Leistung erbringt.[347]

3.3.2.3.3 Auswirkungen der Akkreditivbestätigung auf das zwischen Begünstigtem und Akkreditivbank geltende Recht

Wie bei Einschaltung einer Zahlstelle im Sitzstaat des Begünstigten wird auch bei Bestätigung des Akkreditivs vielfach angenommen, daß dies Auswirkung auf das zwischen Begünstigtem und Akkreditivbank geltende Sachrecht hat.

---

343 OLG Frankfurt WM 1996, 59; MüKo/BGB-Martiny Art. 28 Rn. 243; von Bar ZHR 152 (1988), 42; Raith S. 172; Nuissl Rn. 185; Liesecke WM 1976, 260; Bandomir Bank-Betrieb 1967, 170; Preisig SchweizJZ 23 (1925/1926), 236 f.; Petersen WM 1961, 1182; Wessely Rn. 14

344 Nielsen WM 1985, 150; ders. BuB 5/509; Schmidt-Dencker S. 10; Lenz EuZW 1991, 297; Liesecke WM 1976, 260; Lücke S. 5; von Caemmerer JZ 1959, 362; Raith S. 172; Nuissl Rn. 185; Petersen WM 1961, 1183

345 Özdamar S. 190

346 vgl. oben Abschnitt 3.2.1

347 OLG Frankfurt WuB I H 2. - 1.88; Nielsen BuB 5/509

Dabei wird zusätzlich zu den oben[348] angeführten Argumenten auf den eigenständigen Zahlungsanspruch des Begünstigten gegen die bestätigenden Bank abgestellt und hiermit eine Verlagerung des Zentrums des Rechtsgeschäfts an den Ort der bestätigenden Bank begründet.[349]

3.3.2.3.3.1 Trennung zwischen den Rechtsverhältnissen

Die Heranziehung dieses eigenständigen Zahlungsanspruches kann aber keine Auswirkungen auf das Rechtsverhältnis zwischen Begünstigtem und Akkreditivbank haben, da durch den zusätzlichen Zahlungsanspruch der gegen die Erstbank bestehende nicht berührt wird.[350] Er besteht daneben unverändert fort. In der Regel wird der Begünstigte bei der ortsansässigen bestätigenden Bank Zahlung verlangen. Sein zusätzlicher Zahlungsanspruch gegen die Akkreditivbank, der fremden Recht untersteht, wird ihn nicht weiter betreffen, so daß aus der Sicht des Begünstigten keine Notwendigkeit an der Anwendung des Sitzrechtes der bestätigenden Bank auf den Anspruch gegen die Akkreditivbank besteht.[351]

Auch die inhaltlich identische Leistung beider Ansprüche fordert keine einheitliche kollisionsrechtliche Behandlung.[352] Inhaltsgleich ist lediglich die Verpflichtung der Banken, d. h. die Verpflichtung zur Honorierung des Akkreditivs. Daß die Leistungsverpflichtungen der eröffnenden und die der bestätigenden Bank anderen materiellrechtlichen und prozessualen Vorschriften, wie z. B. unterschiedlicher Verjährung und gerichtlicher Geltendmachung, unterliegen, beeinträchtigt nicht ihren Inhalt. Hiervon ist nur die Art und Weise der Durchsetzung der Forderung des Begünstigten betroffen, nicht deren Inhalt.

---

348 siehe Abschn. 3.3.2.2.3

349 vgl. insbesondere Dilger RIW 1990, 324 mit Verweis auf BGE 111 II 67; Schärrer S. 41; Richter S. 97

350 Kegel, Festschrift für Schmidt S. 240

351 vgl. Schütze, Dokumentenakkreditiv Rn. 476: "Daß ihm *[dem Begünstigten]* darüber hinaus die Akkreditivbank aus ihrem Recht verpflichtet ist, mag ihn nicht stören."

352 so aber H.-C. Hartmann S. 73

3.3.2.3.3.2 Auswirkungen der gesamtschuldnerischen Haftung der Banken auf das anzuwendende Recht

Die Geltung verschiedener Rechtsordnungen für die Verpflichtungen der Akkreditivbank und der bestätigenden Bank widerspricht nicht deren gesamtschuldnerischen Haftung noch beeinträchtigt sie diese.[353] Für die Begründung der Gesamtschuldnerschaft muß weder Identität des Leistungsinhalts noch des Entstehungsgrundes der Verpflichtungen gegeben sein.[354] Entsprechend ist auch keine Identität des für die Verpflichtungen geltenden Rechtes erforderlich.

Auch die praktische Betrachtung bedingt kein einheitliches Recht. Einwendungen im Verhältnis zwischen Begünstigtem und bestätigender Bank werden über den gesamtschuldnerischen Rückgriff berücksichtigt, der keine einheitliche Rechtsanwendung auf die Verpflichtungen gegenüber dem Begünstigten notwendig macht.[355] Daß die Anwendung unterschiedlichen Rechts auch der Entstehung einer gesamtschuldnerischen Haftung nicht entgegensteht, bestätigt Art. 33 Abs. 3 Satz 2 EGBGB, der insbesondere den Fall der Gesamtschuld mit unterschiedlichem Forderungsstatut regelt.[356]

3.4 Ergebnis

Sofern keine Rechtswahl vorliegt, richtet sich das auf die einzelnen Rechtsverhältnisse anzuwendende Recht nach Art. 28 EGBGB, d. h. nach dem Sitzstaat der die vertragstypische Leistung erbringenden Partei.

Im Verhältnis zwischen der das Akkreditiv eröffnenden Bank und einer eingeschalteten Zweitbank, gilt regelmäßig das am Sitz der Zweitbank geltende Recht.

Das Recht der Zweitbank gilt ebenfalls im Verhältnis zum Begünstigten. Im Verhältnis zwischen Begünstigten und Akkreditivbank gilt das Sitzrecht letzterer, auch wenn eine Zweitbank eingeschaltet ist.

---

[353] Nielsen BuB Rn. 5/509; Wolsing S. 12; Hampe S. 130

[354] Selb § 6 I (S. 66); Nielsen ERA Rn. 136; ders. BuB Rn. 5/509

[355] vgl. Lorenz, Festschrift für Zweigert S. 224

[356] MüKo/BGB-Martiny Art. 33 EGBGB Rn. 29

4 Bedeutung in der Praxis

Bei Störungen der Akkreditivabwicklung aufgrund höherer Gewalt bedeutet dies für den Anspruch des Begünstigten folgendes.

4.1 Unbestätigtes Akkreditiv

4.1.1 Schließung der Zahlstelle am Verfalldatum

Ist die Geschäftstätigkeit der Zahlstelle am Verfalldatum unterbrochen, da sie bestreikt wird, liegt ein Fall des Art. 17 ERA vor. Es kommt nicht auf die rechtliche Würdigung des Streiks als höhere Gewalt an. Das Akkreditiv verfällt.

Beruht die Schließung der Zahlstelle auf anderen als in Art. 17 ERA speziell genannten Gründen, etwa darauf, daß aufgrund Sturms deren gesamte Infrastruktur zusammengebrochen ist, muß anhand des anwendbaren materiellen Rechts festgestellt werden, ob der Grund für die Schließung der Zahlstelle als höhere Gewalt anerkannt wird. Das für die Feststellung, ob die Bank sich auf Art. 17 ERA berufen darf, maßgebliche Recht ist das zwischen Begünstigtem und Akkreditivbank geltende Recht. Anhand des Sitzrechts der Akkreditivbank ist festzustellen, ob die Schließung der Zahlstelle auf einem Fall höherer Gewalt beruht. Daß dieses Ereignis am Ort der Zahlstelle stattfindet, ist für dessen rechtliche Würdigung als höhere Gewalt nach dem im Land der eröffnenden Bank geltenden materiellen Recht unerheblich, da es hier auf die Prüfung des Fortbestehen des Zahlungsanspruchs des Begünstigten gegen die Akkreditivbank ankommt. Dieser unterliegt dem am Ort der Akkreditivbank geltenden Recht. Erkennt dieses den Grund für die Schließung der Zahlstelle als höhere Gewalt an, gilt Art. 17 ERA mit der Folge, daß das Akkreditiv verfällt.

Erfüllt der zur Schließung der Zahlstelle führende Sachverhalt nach dem Recht der Akkreditivbank nicht die Voraussetzungen der höheren Gewalt, kann der Begünstigte die Dokumente bei Wiedereröffnung der Zahlstelle vorlegen und Honorierung des Akkreditivs verlangen. Selbst wenn das Sitzrecht der Zahlstelle einen Fall höherer Gewalt anerkennt, darf die Zahlstelle sich nicht darauf berufen und die Zahlung verweigern. Sie ist nur die Vermittlerin der Zahlung. Für sie spielt es keine Rolle, wie das an ihrem Ort geltende Sachrecht den zu ihrer Schließung führenden Sachverhalt würdigt. Bei Vorlage der Dokumente nach Ablauf der im Akkreditiv angegebenen Termine wird sie im Zweifel keine vorbehaltlose Zahlung ohne Rückfrage bei der Akkreditivbank vornehmen. Honoriert die Zahlstelle das Akkreditiv in der Annahme, das ihre Geschäftstätigkeit unterbrechende Ereignis sei nicht als höhere Gewalt anzusehen, kann sie die Akkreditivbank nicht in Anspruch nehmen. Ist das Akkreditiv gemäß Art. 17, 44 ERA verfallen, schuldet die Akkreditivbank dem Begünstigten keine Zahlung. Die Zahlstelle kann sich nach zu unrecht erfolgter Zahlung nur an den Begünstigten halten.

Ist die Zahlstelle aus anderen Gründen als den in Art. 17 ERA genannten für einen längeren Zeitraum geschlossen, hat der Begünstigte die Dokumente direkt bei der Akkreditivbank vorzulegen. Er darf sich zwar grundsätzlich auf die Zahlstellenvereinbarung berufen, bei deren längerfristigen Schließung ist die Berufung auf die Einhaltung des ursprünglich vereinbarten Zahlungsweges jedoch als rechtsmißbräuchlich anzusehen. Die Verlängerung der Vorlagefrist bei einer Schließung der Zahlstelle aus anderen als in Art. 17 ERA genannten Gründen darf nicht zu einer völlig grenzenlosen und unbestimmbaren Verlängerung der Haftung aus dem Akkreditiv führen. Die Verpflichtung, die Dokumente trotz Zahlstellenvereinbarung direkt bei der Akkreditivbank vorzulegen, stellt auch keine unzumutbare Belastung des Begünstigten dar, da er sich für die Weiterleitung der Dokumente seiner Hausbank oder schlichtweg des Postweges bedienen darf.

4.1.2 Höhere Gewalt nach Vorlage der Dokumente

Der Sitzstaat des Begünstigten wird von einem anderen Staat besetzt und die Zahlstelle im Land des Begünstigten verstaatlicht. Auf Akkreditive ausländischer Banken wird deshalb keine Zahlung geleistet. Der Begünstigte legt zwar die akkreditivkonformen Dokumente fristwahrend bei der Zahlstelle vor, diese darf aber das Akkreditiv nicht mehr honorieren und beruft sich auf höhere Gewalt. Wendet sich der Begünstigte nun an die Akkreditivbank, muß diese das Akkreditiv honorieren. Hier liegt kein Fall des Art. 17 ERA vor. Der Begünstigte hat die Dokumente fristgerecht bei der Zahlstelle präsentiert. Damit hat er alles getan, um seinen Anspruch aus dem Akkreditiv zu realisieren. Es schadet nicht, wenn der Begünstigte seinen Anspruch bei der Akkreditivbank erst nach dem Verfalldatum bzw. nach Ablaufen der Vorlagefrist geltend macht. Entscheidend für die Entstehung seines Anspruchs ist nur die rechtzeitige Dokumentenvorlage bei der Zahlstelle. Dies hat der Begünstigte gegenüber der Akkreditivbank darzulegen und u. U. zu beweisen.

Die Akkreditivbank hat Zahlung an ihn zu leisten und kann ihn nicht auf den vereinbarten Zahlungsweg über die Zahlstelle verweisen. Dies gilt auch dann, wenn die Akkreditivbank den Akkreditivbetrag der Zahlstelle bereits zur Verfügung gestellt hat und diesen nicht zurückerhalten kann.[357] Insbesondere kann sich die Akkreditivbank nicht darauf berufen, daß die Zahlungseinstellung der Zahlstelle einen Fall höherer Gewalt darstellt, der auch im Verhältnis zwischen ihr und dem Begünstigten zu berücksichtigen wäre. Das Anspruchsverhältnis zwischen Begünstigtem und Akkreditivbank wird von der Verstaatlichung der Zahlstelle nicht berührt. Lediglich der Weg der Zahlung hat sich geändert.

Verlangt nun die Akkreditivbank den der Zahlstelle bereits zur Verfügung gestellten Akkreditivbetrag zurück, kann sich die Zahlstelle aufgrund des sie treffenden gesetzlichen Zahlungsverbotes an ausländische Banken u. U. erfolgreich auf höhere Gewalt berufen. Ob ein Fall höherer Gewalt vorliegt, ist anhand des zwischen ihr und der Akkreditivbank geltenden Rechts, d. h. dem Sitzrecht der Zahlstelle zu untersuchen.

Eine ähnliche Situation liegt vor, wenn der Begünstigte in Kenntnis davon, daß die Zahlstelle am Verfalldatum des Akkreditivs aufgrund der in ihrem Sitzstaat herrschenden Kriegswirren nicht geöffnet ist, die Dokumente direkt bei der Akkreditivbank vorlegt. Trotz Bestellung der Zahlstelle kann der Begünstigte die Dokumente fristwahrend bei der Akkreditivbank oder einer anderen benannten Bank i. S. v. Art. 9 ERA vorlegen.[358] Die Zahlstellenbestellung ist nur eine Bestimmung des Zahlungsweges und beeinflußt deshalb nicht die fristgerechte Vorlage der Dokumente bei der eröffnenden Bank. Lediglich wegen der Bezahlung muß sich der Begünstigte an die Zahlstelle verweisen lassen. Dies gilt aber dann nicht, wenn die Zahlstelle keine Zahlung auf das Akkreditiv leistet.[359]

Untauglich für die Fristwahrung ist allerdings die Vorlage der Dokumente bei der Avisbank. Hier entsteht der Zahlungsanspruch erst bei Weiterleitung der Dokumente und fristgerechtem Zugang bei der Akkreditivbank oder einer ermächtigten Bank. Gleiches gilt, wenn sich der Begünstigte einer Bank, etwa seiner Hausbank, bedient, die in keinster Weise mit dem Akkreditiv zu tun hat. Auch hier kommt es auf den fristgerechten Zugang der Dokumente bei einer der in Art. 9 ERA genannten Banken an.[360]

---

357 Zahn/Eberding/Ehrlich Rn. 2/94

358 Nielsen in Schimansky/Bunte/Lwowski § 120 Rn. 137

359 Zahn/Eberding/Ehrlich Rn. 2/94; Nielsen in Schimansky/Bunte/Lwowski § 120 Rn. 140; Hampe S. 57

360 Schütze, Dokumentenakkreditiv Rn. 363 f.

Eine weitere Situation, bei der auf das materielle Sachrecht am Ort der Akkreditivbank abzustellen ist, ist die, daß die Akkreditivbank unter Berufung auf höhere Gewalt die Zahlung verweigert nachdem die Dokumente fristwahrend bei der Zahlstelle vorgelegt worden sind. Zu denken ist hier insbesondere an den Fall, daß die Akkreditivbank zwischenzeitlich enteignet wurde und keine Auslandsforderungen mehr bedienen darf. Art. 17 ERA ist hier nicht einschlägig, da der Anspruch aus dem Akkreditiv durch die fristgerechte Dokumentenvorlage bereits unbedingt entstanden ist. Wie sich das an die Akkreditivbank gerichtete Zahlungsverbot auf den Anspruch des Begünstigten auswirkt, richtet sich nach dem Recht der Akkreditivbank. Erkennt dieses das Zahlungsverbot als höhere Gewalt an, geht der Anspruch des Begünstigten unter. Dies gilt auch im Verhältnis zur Zahlstelle. Der Begünstigte hat keinen Zahlungsanspruch gegen die Zahlstelle; es kommt ausschließlich auf sein Verhältnis zur Akkreditivbank an. Leistet die Zahlstelle in Unkenntnis der Enteignung der Akkreditivbank ist für ihren Rückgriffsanspruch gegen die Akkreditivbank auf das für diesen geltende materielle Recht abzustellen. Hier gilt ebenfalls das Recht der Akkreditivbank, so daß auch der Rückgriffsanspruch der Zahlstelle an der Berufung der Akkreditivbank auf höhere Gewalt scheitert.

4.2 Bestätigtes Akkreditiv

Enthält das bestätigte Akkreditiv keine Regelung zu seiner Zahlbarstellung kann der Begünstigte die Dokumente wahlweise der eröffnenden oder der bestätigenden Bank vorlegen und auch dort Zahlung verlangen. Er kann auch nach fristgerechter Dokumentenvorlage bei einer der beiden Banken Zahlung von der anderen verlangen, sofern die Bank, bei der er die Dokumente vorgelegt hat, nicht mehr in der Lage ist, das Akkreditiv zu honorieren. Die Bestätigung des Akkreditivs eröffnet dem Begünstigten zwei Zahlungsquellen, die ihm nach seiner Wahl zur Verfügung stehen.[361] Dies ergibt sich bereits aus dem Wesen der gesamtschuldnerischen Haftung, die die Banken mit Bestätigung des Akkreditivs begründen. Die Bestätigung bewirkt keine Vereinbarung über die Zahlbarstellung des Akkreditivs. Dem Begünstigten steht es frei, wo er die Dokumente vorlegen und von welcher Bank er Zahlung verlangen will.[362]

Die bestätigende Bank muß aufgrund ihrer eigenen gegenüber dem Begünstigten eingegangenen Zahlungsverpflichtung an ihn zahlen und kann ihm,

---

[361] Zahn/Dahlmann S. 13; Hampe S. 60

[362] Zahn/Eberding/Ehrlich Rn. 2/174; Zahn/Dahlmann S. 13; Dekker S. 62

sofern er sie aufgrund Schließung der eröffnenden Bank in Anspruch nimmt, nicht entgegenhalten, sie könne sich bei der eröffnenden Bank nicht erholen.[363]

Die bestätigende Bank kann sich insbesondere nicht darauf berufen, das zur Schließung der eröffnenden Bank führende Ereignis sei ein von Art. 17 ERA erfaßter Sachverhalt. Hier gilt, daß sich nur die Bank auf die Freizeichnung des Art. 17 ERA berufen kann, die tatsächlich von den in Art. 17 ERA genannten Ereignissen betroffen ist.[364]

Enthält das bestätigte Akkreditiv eine Zahlstellenvereinbarung, gilt das oben[365] Gesagte.

5 Höhere Gewalt bei Dokumentenakkreditiven, für die die Parteien die Anwendung der ERA nicht vereinbart haben

5.1 Geltung des Art. 17 ERA als Handelsbrauch oder Gewohnheitsrecht?

Ungeachtet der Rechtsnatur der ERA als Rechtsordnung sui generis können einzelne ihrer Regelungen durchaus den Status von Handelsbräuchen oder Gewohnheitsrecht erlangt haben[366] mit der Folge, daß sie auch dann anwendbar sind, wenn die Parteien keine Vereinbarung zur Geltung der ERA getroffen haben.

Die Regelung des Art. 17 Satz 2 ERA findet sich im Kern bereits in der Erstfassung der ERA von 1933. Aber auch schon frühere Statuten auf nationaler Ebene zum Dokumentenakkreditiv enthielten vergleichbare Regelungen, die bestimmten, daß sich das Akkreditiv nicht verlängert, wenn es aufgrund von Störungen höherer Gewalt des Geschäftsbetriebs der Banken

---

363 Zahn/Eberding/Ehrlich Rn. 2/81; Wessely Rn. 26; Bandomir Bank-Betrieb 1967, 170; im Ergebnis auch Dekker S. 62

364 Wessely Rn. 26; Bandomir Bank-Betrieb 1967, 170

365 Abschnitt 4.1

366 Liesecke WM 1966, 458; Eberth in Rechtsfragen zum Dokumenten-Akkreditiv S. 28; Gafner S. 5; vgl. oben Abschnitt 1.3.1.2 f.

nicht fristgerecht eingelöst werden kann.[367] Es erscheint deshalb nicht fernliegend, diesen Kernbereich des Art. 17 ERA aufgrund seiner langjährigen Anwendung als eine zum Handelsbrauch erstarkte Regelung anzusehen.

Trotz der während der Entwicklung der ERA im Kern gleichgebliebenen Regelung bestehen Zweifel an einer Qualifizierung des Art. 17 ERA als Handelsbrauch oder Gewohnheitsrecht. Der Verfall des Akkreditivs wäre bei Unanwendbarkeit der ERA nicht zwingend notwendige Folge der Schließung der Bank am Verfalltag. Allein aufgrund des Wunsches der aus dem Akkreditiv Verpflichteten, sich nur für eine beschränkte Zeit der Haftung aus dem Akkreditiv zu unterwerfen, folgt nicht, daß eine Verlängerung der Vorlagefrist bis zum nächsten Bankarbeitstag nach der Unterbrechung der Geschäftstätigkeit der Bank ausgeschlossen wäre.[368]

Von den weltweit 27 existierenden spezialgesetzlichen Regelungen des Dokumentenakkreditivs enthält lediglich eine geringe Anzahl Vorschrift zur höheren Gewalt. Diese finden sich ausschließlich im Nahen und Mittleren Osten. Die Außerachtlassung von Regelungen zur höheren Gewalt in der Mehrzahl der Rechtsordnungen, die gesetzliche Vorschriften zum Dokumentenakkreditiv enthalten, läßt den Schluß zu, daß die Rechtsfolgen von Ereignissen höherer Gewalt den jeweils geltenden allgemeinen Vorschriften bzw. Grundsätzen zur höheren Gewalt überlassen bleiben. Dies spricht gegen einen international anerkannten Handelsbrauch.

Am 1. Januar 1999 sind die ISP98 in Kraft getreten, die für jede unabhängige bankrechtliche Zahlungsverpflichtung, einschließlich des Akkreditivs anwendbar sein können.[369] Rule 3.14 der ISP98 bestimmt für den Fall der Schließung der Bank am Verfalldatum, daß sich die Vorlagefrist bis zur Wiederaufnahme der Geschäftstätigkeit der Bank verlängert. Die offizielle Einführung der ISP98 besagt explizit, daß es sich bei den ISP98 um anerkannte Handelsbräuche handelt.

Angesichts der langjährigen Geltung der anderslautenden Regelung der ERA erscheint es zweifelhaft, ob sich überhaupt ein Handelsbrauch hin-

---

367 Ziff. 5 des Regulativs für das Akkreditivgeschäft der Berliner Stempelvereinigung abgedruckt in Bank-Archiv 1922/23, 108 ff; revidierte Fassung 1930 abgedruckt in Bank-Archiv 1930/31, 419; vgl. dazu Preisig SchweizJZ 1926, 354; Ebertsheim JW 1923, 915; Jacoby Bank-Archiv 1922/23, 103

368 vgl. Marasinghe S. 528, der sich für eine Verlängerung der Vorlagefrist ausspricht

369 Nielsen WM 1999, 2008

sichtlich des Schicksals der bankrechtlichen Haftung bei Verfristung aufgrund höherer Gewalt herausgebildet hat. Offenbar wird von den beteiligten Verkehrskreisen sowohl eine Verlängerung der Vorlagefrist als auch die Beendigung der Verpflichtung im Fall einer Störung der Geschäftstätigkeit der Bank aufgrund höherer Gewalt als akzeptabel und der Praxis entsprechend angesehen.

Die Regelung des Art. 17 ERA kann deshalb keine Geltung als Handelsbrauch oder Gewohnheitsrecht beanspruchen.

5.2 Auswirkungen höherer Gewalt auf das Akkreditiv nach deutschem Recht

5.2.1 Schließung der Bank am Verfalldatum bzw. Ende der Vorlagefrist

Für die Berechnung von Fristen gelten im deutschen Recht §§ 186 ff. BGB. Für den Fall, daß die Bank am Verfalldatum bzw. am letzten Tag der Vorlagefrist geschlossen ist, gilt § 193 BGB, sofern dieser Tag ein Sonntag, Sonnabend oder am Leistungsort staatlich anerkannter Feiertag ist. Die Dokumente können am nächst folgenden Werktag vorgelegt werden.

Ist die Bank am Verfalldatum aufgrund eigenem Entschluß geschlossen, gelten §§ 163, 162 Abs. 1 BGB. Die Vereitelung der Möglichkeit der Dokumentenvorlage und damit des Bedingungseintritts für die Realisierung des Zahlungsanspruchs aus dem Akkreditiv durch die Unterbrechung der Geschäftstätigkeit der Bank kann dem Begünstigten nicht zum Nachteil gereichen. Die Bedingung für das Entstehen des unbedingten Zahlungsanspruch gilt gemäß § 162 Abs. 1 BGB als eingetreten.[370] Die Vorlage der Dokumente kann deshalb nachgeholt werden.

Sofern eine Vorlage der Dokumente aufgrund Schließung der Bank nicht möglich ist, weil die Bank durch höhere Gewalt an der Fortführung ihrer Geschäftstätigkeit gehindert ist, ist zu unterscheiden zwischen einer endgültigen Schließung der Bank und einer nur vorübergehenden Störung ihrer

---

370 Bartodziej SchweizAG 1987, 8 zur Vereitelung der Entstehung des unbedingten Zahlungsanspruchs durch Unterlassen der rechtzeitigen Zurückweisung nicht konformer Dokumente

Geschäftstätigkeit. In ersterem Fall wird sie entsprechend den oben dargelegten Grundsätzen von ihrer Leistung frei.[371]

Ist die Störung nur vorübergehend wird die Leistungspflicht lediglich suspendiert. Die Frist wird gehemmt und nach Fortführung des Geschäftsbetriebes der Bank fortgesetzt. Der Begünstigte hat nach wie vor ein Interesse daran, seinen Zahlungsanspruch aus dem Akkreditiv zu realisieren. Dieser Anspruch ist für ihn auch nach Ablauf der ursprünglich hierfür angesetzt Zeit von größerer Bedeutung als sein Zahlungsanspruch gegen den Akkreditivauftraggeber aus dem Valutaverhältnis, dessen Durchsetzbarkeit vergleichsweise ungewisser ist. Für die zeitliche Verzögerung der Zahlung auf das Akkreditiv im Falle höherer Gewalt kommt der Bank zugute, daß sie dem Begünstigten nicht für den Verzugsschaden haftet.

Dieses Ergebnis stellt keine unbillige Benachteiligung der Bank und des Auftraggebers dar. Im Regelfall hat die Bank sich bereits beim Akkreditivauftraggeber Deckung beschafft, so daß sie bei einer Zahlung auf das Akkreditiv nicht Gefahr läuft wegen veränderter wirtschaftlicher Umstände des Auftraggebers auszufallen. Zudem wird die Bank sich üblicherweise Sicherungsrechte an den Dokumente einräumen lassen, die sie zum Zugriff auf die Ware und deren Verwertung berechtigt.[372]

5.2.2 Höhere Gewalt in der Sphäre des Begünstigten

Ist der Begünstigte an der fristgerechten Vorlage der Dokumente aufgrund höherer Gewalt gehindert, stellt sich die Situation nicht anders als bei Geltung der ERA dar. Unabhängig von der Geltung der ERA folgt aus Natur des Dokumentenakkreditivs, daß die Bank bei Honorierung des Akkreditivs keine außerhalb des Wortlauts des Akkreditivs und der Dokumente liegenden Umstände prüfen darf und zumeist aufgrund der ihr fehlenden Kenntnis der faktischen Umstände auch nicht kann.[373] Die Bank kann nur eine streng formalistische Prüfung vornehmen und muß sich hiernach entscheiden dürfen, ob der Anspruch gerechtfertigt ist oder nicht. Ursachen außerhalb des Akkreditivwortlauts müssen völlig ihrer Prüfung entzogen sein. Zum einen dürfte die Bank technisch und auch praktisch zu einer entsprechenden Untersuchung nicht in der Lage sein, zum anderen würden solche Untersu-

---

371 siehe oben Abschnitt 4

372 vgl. Liesecke, Festschrift für Fischer S. 407

373 BGH WM 1971, 159; Schütze WuB I H 2. – 2.94

chungen den Wert des Akkreditivs zunichte machen. Der Begünstigte darf sich bei Ereignissen, die ihn an der fristgerechten Vorlage der Dokumente hindern, auch außerhalb des Geltungsbereichs der ERA nicht auf höhere Gewalt berufen.

5.2.3 Höhere Gewalt nach fristgerechter Dokumentenvorlage

Wird die Honorierung des Akkreditivs nach fristgerechter Vorlage der Dokumente durch den Begünstigten aufgrund höherer Gewalt beeinträchtigt, gilt das oben[374] Gesagte. Bei einer temporären Beeinträchtigung der Leistung der Bank haftet sie nicht auf Verzögerungsschäden. Ist ihre Leistungsmöglichkeit gänzlich zunichte gemacht, wird sie von der Verpflichtung aus dem Akkreditiv frei.

---

[374] Abschnitt 4.1.2

ZUSAMMENFASSUNG

(1) Höhere Gewalt ist in den verschiedenen Rechtsordnungen ein unterschiedlich definierter Rechtsbegriff. Im deutschen Recht ist er durch die Tatbestandsmerkmale Unvorhersehbarkeit, Unabwendbarkeit, Betriebsfremdheit und Außergewöhnlichkeit gekennzeichnet. Keines dieser Wesenselemente ist entbehrlich, da nur durch ihr kumulatives Vorliegen die als höhere Gewalt bezeichnete ausnahmsweise Billigkeitskorrektur bestehender Haftungssituationen gerechtfertigt ist.

(2) Für die im Bankgeschäftsverkehr als höhere Gewalt relevanten Tatbestände der Arbeitskämpfe gilt, daß diese nur dann die Voraussetzungen der höheren Gewalt erfüllen, wenn es sich um gerechtfertigte Kampfmaßnahmen handelt. Die Art der Beteiligung der betroffenen Bank am Arbeitskampf ist irrelevant.

(3) Für den in diesem Bereich ebenfalls bedeutungsvollen Fall der hoheitlichen Verfügungen ist bereits problematisch, die Identität zwischen eingreifendem Hoheitsubjekt und betroffenem Vertragspartner aufzuzeigen. Diese ist in jedem Fall relativer Natur. Ihre Feststellung impliziert nicht automatisch, daß dem privatrechtlich gebundenem, dem Staat nahestehendem Rechtssubjekt jegliche Berufung auf höhere Gewalt untersagt ist. Ob dies der Fall ist, ist in einem zweiten Schritt zu ermitteln. Eine Abgrenzung kann hier sinnvoller Weise nur anhand der Vergleichbarkeit der Situation des Hoheitsträgers mit der Situation eines Privaten erfolgen. Hat der Hoheitsträger aufgrund seiner hoheitlichen Verpflichtungen keine Handlungsalternativen, kann er sich wie jeder andere Vertragspartner auf höhere Gewalt berufen.

(4) Die ERA sind als Rechtsordnung sui generis anzusehen. Sie kommen nur durch Parteivereinbarung zur Anwendung. Einzelne in ihnen enthaltene elementare Prinzipien sind zu Handelsbräuchen oder Gewohnheitsrecht erstarkt. Art. 17 ERA kann keine Geltung als Handelsbrauch oder Gewohnheitsrecht für sich in Anspruch nehmen. Er kommt deshalb nur bei Akkreditiven zur Anwendung, für die die Parteien die Geltung der ERA vereinbart haben.

(5) Die ERA sind vorrangig anhand ihrer Wertungen und Intentionen auszulegen. Dieser Grundsatz gilt nicht oder nur eingeschränkt, wenn Rechtsbegriffe auszulegen sind, die in den einzelnen Rechtsordnungen bereits in bestimmter Weise definiert sind. Art. 17 ERA ist deshalb grundsätzlich anhand der Wertungen der ERA auszulegen; eine Aus-

nahme gilt aber für den Begriff der höheren Gewalt, der nach dem jeweils geltenden Recht zu definieren ist.

(6) Die in Art. 17 ERA konkret beschriebenen Tatbestände sind konstitutive Sachverhalte, die die Entlassung der Banken aus ihrer akkreditivrechtlichen Haftung rechtfertigen. Sie müssen nicht gleichzeitig die jeweils anwendbaren Tatbestandsmerkmale der höheren Gewalt erfüllen. "Ursachen außerhalb ihrer Kontrolle" ist kein allgemeiner Auffangtatbestand. Bei allen nicht konkret von Art. 17 ERA erfaßten Situationen kommt es darauf an, ob diese die Kriterien der höheren Gewalt erfüllen, die das auf die Verpflichtung aus dem Akkreditiv anwendbare Recht fordert.

(7) Art. 17 ERA gilt entsprechend für den Fall, daß die Bank zwar geöffnet ist, aber die Dokumente nicht aufnehmen kann. Für andere Fälle höherer Gewalt gilt Art. 17 ERA nicht, insbesondere gilt Art. 17 ERA nicht für das weitere Schicksal des nach fristgerechter Dokumentenvorlage entstandenen Zahlungsanspruchs des Begünstigten und auch nicht für andere Rechtsverhältnisse des Dokumentenakkreditivs. In diesen Fällen kommt es nur auf den Begriff der höheren Gewalt des Gesetzesrechts an. Eine Ausnahme gilt für den Begünstigten, der sich nie auf höhere Gewalt berufen darf, wenn diese ihn an der rechtzeitigen Vorlage der Dokumente hindert. Auf andere Rechtsverhältnisse des Dokumentenakkreditivs ist die höhere Gewalt Regelung des Art. 17 ERA nicht analog anwendbar.

(8) Als Vorfrage der Prüfung höherer Gewalt ist das für das entsprechende Rechtsverhältnis geltende Recht festzustellen. Vor Vornahme der kollisionsrechtlichen Prüfung anhand des internationalen Privatrechts sind Rechtswahlvereinbarungen der Parteien zu respektieren. Die Internationalität des Dokumentenakkreditivs erlaubt es auch am gleichen Ort ansässigen Parteien, Rechtswahlvereinbarungen zugunsten ausländischem Recht zu treffen. Liegt keine Rechtswahl vor ist das anwendbare Recht anhand von Art. 28 EGBGB zu bestimmen. Grundsätzlich erbringt die beteiligte Bank die für das jeweilige Rechtsverhältnis charakteristische Leistung. Im Verhältnis der Banken untereinander ist die Leistung der eingeschalteten Zweitbank ausschlaggebend. Die Einschaltung einer Zweitbank hat unabhängig von der Funktion der Zweitbank keinen Einfluß auf das zwischen Begünstigtem und Akkreditivbank geltende Recht.

(9) In dem in der Praxis nahezu unwahrscheinlichen Fall, daß die ERA nicht gelten, führt eine Schließung der Bank aufgrund höherer Gewalt

zu einer Verlängerung der Vorlagefrist. Die Banken haften allerdings nicht für den Verzugsschaden des Begünstigten. Der Begünstigte kann sich aufgrund der formalistischen Funktionssweise des Akkreditivs auch bei Unanwendbarkeit der ERA nicht auf höhere Gewalt berufen, wenn diese ihn an der fristgerechten Vorlage der Dokumente hindert.

Nebi Kaya

Die Grenzen der Einwendungen der Bank gegen den Zahlungsanspruch des Begünstigten aus einem unwiderruflichen Akkreditiv

Eine rechtsvergleichende Darstellung zwischen dem deutschen und dem schweizerisch/türkischen Recht

Frankfurt/M., Berlin, Bern, Bruxelles, New York, Wien, 2000. 170 S.
Europäische Hochschulschriften: Reihe 2, Rechtswissenschaft. Bd. 2819
ISBN 3-631-35494-0 br. DM 69.–*

Bei Vertragsabschlüssen im internationalen Handelsverkehr spielt das Dokumentenakkreditiv, welches durch die ERA der Internationalen Handelskammer weitgehend geregelt ist, nach wie vor eine große Rolle. Bei seiner Abwicklung und Durchführung entstehen allerdings nicht selten spezifische Fragen, die durch den Rückgriff auf die nationale Rechtsordnung gelöst werden. Diese Arbeit befaßt sich anhand der Rechtsvergleichung zwischen dem deutschen und dem schweizerisch/türkischen Recht mit der Frage, ob und welche Einwendungen die Akkreditivbank bzw. Korrespondenzbank dem Begünstigten entgegensetzen kann. Im Mittelpunkt der Arbeit steht die Problematik des Rechtsmißbrauchseinwandes. Darüber hinaus werden verfahrensrechtliche Probleme des einstweiligen Rechtsschutzes einer Analyse unterzogen. Schließlich wird auf die für das Akkreditivgeschäft relevanten international-privatrechtlichen Fragen eingegangen.

Aus dem Inhalt: Der Abstraktheitsgrundsatz – Zulässige und unzulässige Einwendungen – Voraussetzungen und Folgen des Rechtsmißbrauchseinwandes – Einstweilige Rechtsschutzmaßnahmen in Deutschland und in der Schweiz bzw. Türkei – Ausgewählte international-privatrechtliche Fragen

FSC
www.fsc.org
MIX
Papier | Fördert gute Waldnutzung
FSC® C083411

Kolibri 360 GmbH
Ferdinand-Jühlke-Straße 7
99095 Erfurt, Deutschland
produktsicherheit@kolibri360.de

Druck:
CPI Druckdienstleistungen GmbH
im Auftrag der
Kolibri 360 GmbH
Ferdinand-Jühlke-Str. 7
99095 Erfurt